Educational System

教育の制度と
学校のマネジメント

School Management

編：加藤崇英・臼井智美
著：福島正行・田中真秀・照屋翔大

時事通信社

まえがき

　2016年12月、中央教育審議会「幼稚園、小学校、中学校、高等学校及び特別支援学校の学習指導要領等の改善及び必要な方策等について（答申）」がまとめられた。そして2017年3月、新しい学習指導要領が公示された。今後、小学校は2020年度から、中学校は2021年度から全面実施される予定である。2018年度からは、いわゆる移行期間として各学校は全面実施に向けた準備を進めている。この新しい学習指導要領に関する議論においては「社会に開かれた教育課程」、「アクティブ・ラーニング」（後に「主体的・対話的で深い学び」を強調）、「カリキュラム・マネジメント」といった新たな観点と課題が明らかになった。

　こうした「新しい」課題もあるが、「継続」してきた側面もあるといえる。いわゆる「生きる力」の育成は、「総合的な学習の時間」などの当時の新たな課題とともに2002年に実施された学習指導要領によって打ち出されたものである。また、現在の学習指導要領でも「生きる力」を育む原則の維持とともに、思考力・判断力・表現力の育成を重視している。例えば、各教科等の指導に求められる言語活動の充実に関する視点は、そのままカリキュラム・マネジメントの考え方において見られる教科等横断的な視点に繋がる側面も指摘できよう。

　他方、これら教育の課題を遂行する上で学校のマネジメントはますます重要なものになっていると指摘できる。

　1998年の中央教育審議会「今後の地方教育行政の在り方について（答申）」以降、地方分権化と規制緩和の進展する中で、学校は自主性・自律性を求められ、いわゆる「開かれた学校」の推進によって保護者や地域の教育課題に応えてきた。だが、この間、いじめ問題や体罰事件など、その対応をめぐって学校や教師に対する厳しい批判があったことも事実である。そうした批判を受けて教育行政および学校は、その体制の見直しを図ってきた。

　地方の教育委員会では、新教育長のリーダーシップと権限・責任を強化した。また首長の関与を強めることで地域住民の意向をいっそう反映する

ように企図した。一方、学校はいっそう複雑化・困難化する教育課題に対応するために、いわゆる「チーム学校」を推進する必要がある。

重要な点は、教育の「制度」としての基本を踏まえ、教育改革で提言されている新しい視点を取り入れながらも、主体的に教育に取り組むことである。そして学校では問題と課題を明確化し、保護者・地域とともに信頼・協力の関係を構築しながら子どもたちの教育・学習の成果を挙げるべく、学校の「マネジメント」を推進することである。

本書の内容は、まず、公教育の原理を確認し、「教育を受ける権利」と「教育の機会均等」という原則を理解し、学校制度や教育法規の基本的な体系について明らかにしていく（1～2章）。次に教育における国の役割として文部科学省による中央教育行政と地方の役割として地方公共団体による地方教育行政（教育委員会）、また、学校における財務や予算などを確認する（3～5章）。そして新しい学習指導要領や教科書制度などの教育課程に関する法制度と学校における編成の課題を明らかにする（6～7章）。

その上で学校・校長の裁量権限の拡大や新しい職の設置などの学校組織改革について確認し、学校経営の課題を明らかにする。また、そこでの教育課題の複雑化と「チーム学校」による対応、加えて学校評価と教員評価の課題について検討する（8～11章）。さらにこれからの学校と地域の関係づくりと子どもの安全をめぐる課題についても明らかにしていきたい（12～13章）。

本書が、これから教師を目指す方々、そして教育を担う現場の方々にとって、教育の制度に対する理解と学校のマネジメントの推進に役立てば幸いである。

最後に、株式会社時事通信出版局の坂本建一郎氏には多くのご助力を賜り、出版することができました。ここに心からお礼申し上げます。

2018 年 4 月
編著者記す

目　次

第1章　公教育の概念と原理 ………………………………………… 10

第1節　教育を受ける権利とその保障としての公教育の概念　10
1. 「教育を受ける権利」と保護者の義務
2. 公教育の概念と「教育の機会均等」の保障

第2節　公教育の原理—義務性、無償性、中立性—　13
1. 義務性
2. 無償性
3. 中立性

第3節　日本の学校体系　22
1. 学校の体系と「公の性質」
2. 「公の性質」と学校設置者

第4節　公教育をめぐる課題　24
1. 無戸籍の児童生徒の就学問題
2. 障害者差別解消法と「合理的配慮」
3. 不登校等への支援と教育機会の確保
4. 無償性の範囲とその議論

第2章　教育に関する法体系 ………………………………………… 28

第1節　国内法規と国際法規の体系　28
1. 成文法と不文法
2. 国際法規の体系
3. 国内法規の体系
4. 法規の効力の原理

第2節　教育関係法規の種類　33

第3節　教育基本法に基づく教育の質保証の追求　34

1．「教育の機会均等」を支える法制度
2．新 教育基本法の特徴
3．教育基本法改正に伴う教育行政の質的変化

第3章　教育における国の役割 ………………………………… 40

第1節　教育行政とは何か　40
1．教育行政とは何か
2．中央教育行政と地方教育行政

第2節　文部科学省の組織　42
1．文部科学大臣と文部科学省
2．国立教育政策研究所
3．中央教育審議会

第3節　文部科学省の役割　44
1．教育に関する法律原案の作成
2．地方教育行政への関与
3．教育改革の主導

第4章　教育における地方公共団体の役割 ………………………… 51

第1節　地方教育行政とは何か　51
1．地方教育行政とは何か
2．教育委員会と地方公共団体の長

第2節　教育行政の基本原理と教育委員会の組織原理　52
1．教育行政の基本原理
2．教育委員会の組織原理
3．教育行政におけるさまざまな関係

第3節　地方教育行政の役割　55
1．教育委員会の職務、地方公共団体の長の職務

第4節　教育委員会の組織　58
1．（狭義の）教育委員会

2．教育委員会事務局

第5節　学校の管理運営　62

第5章　学校の財務マネジメント　65

第1節　学校の財務マネジメントとは何か　65

第2節　**教育費とは何か**　66

　　1．日本の教育費－海外の事例との比較－

　　2．公教育費と私教育費―公費と私費をいかに運用するのか―

第3節　**教職員にかかる経費**　69

　　1．教職員給与の実態

　　2．教職員にかかる経費の負担主体

第4節　**学校運営経費の実態**　73

　　1．学校に必要な経費

　　2．学校運営経費の負担主体

　　3．学校の財務マネジメント－学校裁量予算の活用―

第6章　教育課程の法制度　78

第1節　**教育課程に関する法制度**　78

　　1．学校教育の目的と目標

　　2．教育内容に関する規定

　　3．教科書に関する規定

第2節　**教育課程に関する行政**　86

　　1．学習指導要領の改訂

　　2．教科書検定と教科書採択

第7章　教育課程のマネジメント　94

第1節　**教育課程の編成**　94

1．「教育課程を編成する」とは

2．教育課程編成の工夫

第2節　教育課程の編成から教育課程の経営へ　98

1．「社会に開かれた教育課程」への転換

2．カリキュラム・マネジメントの要請

第3節　カリキュラム・マネジメントの充実　101

1．教育活動の質の向上

2．学校の組織力の向上

第8章　学校の組織マネジメント ················· **104**

第1節　学校管理から学校組織マネジメントへ　104

第2節　地方分権改革による「自律的な学校経営」の加速化　106

1．校長の権限・地位の確立

2．義務教育の構造改革

**第3節　教育基本法改正による教育責任を果たす学校教育の
実現　111**

1．国の教育責任の明確化

2．教育三法の改正

3．「地域ぐるみで子どもを育てる」学校と家庭・地域住
民等との関係

**第4節　学力向上への社会的関心の高まりと"顧客"ニーズ
の重視　115**

1．PISAショック

2．学校と家庭・地域社会の関係の変化―"顧客"から
"チーム"へ―

3．学校経営改革から教育経営改革へ

第9章　教育課題の複雑化に対応する教職員マネジメント ········ **122**

第1節　日本の学校と教員の仕事の特徴　122

1．教員の仕事に関わる法規定

2．教員の仕事の多様性と日本の「学校」

第2節　教育課題の複雑化と教職員の多忙化　124

1．教育課題の複雑化の状況

2．教職員の多忙化の実態

第3節　複雑化への対応に向けた教師教育改革　129

1．教員の資質向上と研修の役割

2．教員免許更新制の導入

3．教職大学院の設置・展開

第10章　多職種連携に対応する学校マネジメント ····················· 134

第1節　教職員の配置と多職種構成の必要性　134

1．教職員の配置と役割分担

2．多職種構成による組織の必要性

第2節　専門性に基づく「チームとしての学校」の必要性　137

1．「チーム学校」の提言

2．「チーム学校」の範囲と業務の考え方

第3節　多職種連携・協力のマネジメント　140

1．教職員一人ひとりが力を発揮できる環境の整備

2．チームによる支援と対応

第11章　学校における評価マネジメント ······························· 144

第1節　学校の自主性・自律性とアカウンタビリティ　144

第2節　学校評価　146

1．学校評価ガイドラインの策定と学校教育法における規定

2．学校評価の進め方

3．大阪府の学校評価—学校教育自己診断と学校協議会—

第3節　教員評価　151

1．教員評価の導入

2．教員評価の進め方

第12章　地域とともにある学校づくりのマネジメント ……………156

第1節　日本における学校と地域の関係史　156

第2節　学校と家庭、地域の連携強化を目指した政策の展開　158

1．学校評議員制度

2．学校支援地域本部事業

第3節　開かれた学校から「地域とともにある学校」へ　161

1．コミュニティ・スクール

2．地域学校協働本部

第4節　地域とともにある学校づくりの課題　166

第13章　子どもの安全・安心を守る学校づくりのマネジメント …168

第1節　学校教育に潜む「危機」　168

第2節　学校安全の領域と構造　169

1．安全教育

2．安全管理

第3節　子どもの安全・安心を守るマネジメントの課題　175

1．危機管理の視点を活かした安全管理

2．ネットワークの視点に基づく学校安全の確保

> **第1章**

公教育の概念と原理

> **Point**
>
> ☑ すべて国民は「ひとしく教育を受ける権利」を有している。また保護者は、その子に普通教育を受けさせる義務を負う。
>
> ☑ 国および地方公共団体は、障害者の障害の状態に応じて必要な支援を行い、また、経済的理由で修学が困難な者に奨学の支援を行う責務がある。
>
> ☑ 公教育の原理として義務性、無償性、中立性がある。学校は「公の性質」を有し、基本的には国、地方公共団体、学校法人のいずれかが設置する。

第1節　教育を受ける権利とその保障としての公教育の概念

1.「教育を受ける権利」と保護者の義務

　「すべて国民は、法律の定めるところにより、その能力に応じて、ひとしく教育を受ける権利を有する」(日本国憲法第26条第1項)。ここで「ひとしく」とは、「法の下の平等」、つまり「人種、信条、性別、社会的身分又は門地により、政治的、経済的又は社会的関係において、差別されない」(日本国憲法第14条第1項) ことを意味する。

> **日本国憲法**
> **第二十六条**　すべて国民は、法律の定めるところにより、その能力に応じて、ひとしく教育を受ける権利を有する。
> 　2　すべて国民は、法律の定めるところにより、その保護する子女に普通教育を受けさせる義務を負ふ。義務教育は、これを無償とする。

　また、すべての国民は「保護する子女」、つまり保護者[1]として保護する子に普通教育を受けさせる義務を負う。ここで普通教育とは「すべての人が共通に学ぶべきものとされている教育、また、すべての人が共通に学

んでいる教育」であり、技能や職能に応じた職業教育や高度な内容としての高等教育とは区別される[2]。

教育に関わって言えば、「学問の自由」（日本国憲法第23条）や「教育を受ける権利」は、国民が生まれながらにして有している権利と言える。しかし、多くの子どもは未成熟で、また、社会的にあるいは経済的に自立できていないため、この「教育を受ける権利」を独力で十分に行使することができない。よって、自らの将来にとって何を学ぶべきなのか、これを判断し、選択し、決定できるようになるまでは誰かが代わりに判断し、あるいは支援する必要がある。つまり、本人の意思や希望、自主・自立性を前提にしつつも、心身の発達、学びの程度に応じて、養育や教育がなされ、支援される必要があると言える。

そうした教育の「第一義的責任」は、「父母その他の保護者」にある（教育基本法第10条第1項）。そして「法律の定めるところ」、つまり、教育基本法や学校教育法をはじめとする教育関係諸法によって、教育の制度等が定められており、それらの制度を通して普通教育を受けさせる義務が保護者にはあると言える。

教育を受ける権利と保護者の義務

日本国憲法 第26条 すべて国民は、法律の定めるところにより、その能力に応じて、<u>ひとしく教育を受ける権利を有する。</u>
2 すべて国民は、法律の定めるところにより、<u>その保護する子女に普通教育を受けさせる義務を負ふ。</u>義務教育は、これを無償とする。

　私たち国民は、生まれながらにして「教育を受ける権利」を持っている。義務教育の「義務」とは、保護者が子に普通教育としての義務教育を受けさせる義務である。

2．公教育の概念と「教育の機会均等」の保障

「公教育」とは、教育の公共的な性質、つまり「教育の公共性」を示す概念である。公共とは、社会一般や社会全体に関わることであり、国や地

---

1 「成年に達しない子」は父母ないし養親の親権に服する（民法第818条第1項及び第2項）。「親権を行う者」は「子の利益のために子の監護及び教育をする権利を有し、義務を負う」（民法第820条）。「未成年者に対して親権を行う者がないとき、又は親権を行う者が管理権を有しないとき」（民法第838条第1号）は、未成年後見人が該当する。なお「年齢十八歳をもって、成年とする」（民法第4条、民法の一部を改正する法律、令和4年4月1日施行）。
2 佐々木享「普通教育」『新版　現代学校教育大事典』ぎょうせい、2002年。

方公共団体が関わっていることでもある。端的に言えば、公教育とは、国や県などの公の機関が責任を持つべき教育の内容等について、広く社会一般で共有されている考え方である。

　教育がどのようなものであるべきか。その考え方は国によっても、時代によっても異なる。また教育の在り方以前の問題として、社会やそこでの政治の在り方によっても影響を受けると言える。今日においても公教育の概念そのものは、その時々の議論や出来事によって揺れ動き、変化していると言えるが、第2次世界大戦後、わが国では日本国憲法において明示された「教育を受ける権利」を最低限、保障することが公教育の最低限の考え方であるとともに、この理念から出発し、またこの理念に照らして発展が期待される教育の在り方を実現する考え方全体を公教育の考え方として指摘できる。

教育基本法

　（教育の機会均等）

第四条　すべて国民は、ひとしく、その能力に応じた教育を受ける機会を与えられなければならず、人種、信条、性別、社会的身分、経済的地位又は門地によって、教育上差別されない。

2　国及び地方公共団体は、障害のある者が、その障害の状態に応じ、十分な教育を受けられるよう、教育上必要な支援を講じなければならない。

3　国及び地方公共団体は、能力があるにもかかわらず、経済的理由によって修学が困難な者に対して、奨学の措置を講じなければならない。

　すべての国民の「教育を受ける権利」を保障すること、すなわち公教育の維持・発展は、国民一人ひとりの自助的な努力もさることながら、社会全般に関わって教育の在り方を議論することが必要であり、同時に多くの人々の労力とこれを支えるための財源が必要となる。よって、公教育は国や地方公共団体等の公権力による関与が必要となる。すなわち「国は、全国的な教育の機会均等と教育水準の維持向上を図るため」に総合的に（教育基本法第16条第2項）、また「地方公共団体は、その地域における教育の振興を図るため、その実情」（同条第3項）に応じて、それぞれ教育

に関する施策を策定し、実施しなければならない。

そして「ひとしく」すべての国民の教育の機会均等を保障するために、国および地方公共団体は障害のある者が障害の状態に応じて十分な教育を受けられるよう必要な支援（教育基本

教育の機会均等

- 「ひとしく」とは

  「すべて国民は、法の下に平等であつて、人種、信条、性別、社会的身分又は門地により、政治的、経済的又は社会的関係において、差別されない」（日本国憲法第14条第1項）

  「すべて国民は、ひとしく、その能力に応じた教育を受ける機会を与えられなければならす、人種、信条、性別、社会的身分、経済的地位又は門地によって、教育上差別されない」（教育基本法第4条）

- 国及び地方公共団体の責務は、

  「障害のある者が、その障害の状態に応じ、十分な教育を受けられるよう、教育上必要な支援」（教育基本法第4条第2項）

  「能力があるにもかかわらず、経済的理由によって修学が困難な者に対して、奨学の措置」（同法第4条第3項）を講じなければならない。

法第4条第2項）を、また、能力がありながら経済的理由で修学が困難な者に対して、奨学の措置（同条第3項）を、それぞれ講じなければならない。

こうした公教育の範囲は、公権力の関わる範囲であり、広いと言えるが、典型的には、学校教育や社会教育（主に、図書館や博物館、公民館などの施設で行われる教育）が挙げられる。また、公教育の対になる概念は私教育であるが、その典型は個人が行う教育や家庭における教育が挙げられる。

第2節 公教育の原理―義務性、無償性、中立性―

公教育の考え方は、歴史的な変遷とともに形成されてきたものでもある。そうして形成されてきた考え方、つまり公教育の原理は、一般に「義務性」「無償性」「中立性」の3点が指摘される。

1. 義務性

(1) 義務性の概念とその発展

今日、わが国の就学率は、義務教育においては99.9％以上になるが、歴史的には決して平坦な道のりではなかった。わが国は明治期に入って近代的な学校教育制度が始まったと言えるが、当初、義務教育は無償ではな

かった。この背景には財政的な余裕がなかった面もあるが、教育を受けることは個人の立身出世や利益につながるという考え方があり、同時にそれは国全体のためにもなるという考え方であった[3]。また戦前の天皇制明治憲法下では、学校に行くことは納税や兵役と同様に国家に対する臣民の義務であったといえる。しかし、授業料の負担は、就学率の上昇、すなわち義務教育の普及を妨げる最も大きな要因となっていた。

　義務教育年限は、1879（明治12）年の教育令によって最低16カ月とされ、翌年の改正教育令では原則3年、1886（明治19）年の小学校令では原則4年と延長された。しかし就学率は伸び悩み、とりわけ女子のそれは顕著であった。その後、1900（明治33）年、第3次小学校令の改正において小学校の授業料を無償とし、これを契機に就学率は急激に上昇した。その後、1907（明治40）年には義務教育を6年に延長した。すなわち6年間の小学校への就学という今日に通じる基本が構築されるとともに、明治期末の1911（明治44）年には就学率は98.2％（男子98.8％、女子97.5％）に達したのである（文部省『学制百年史』資料編）。

図1　義務教育の就学率の推移

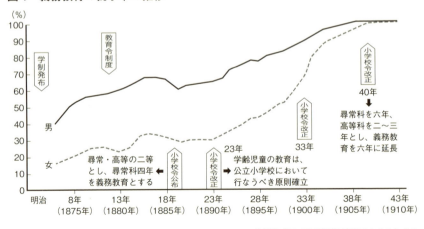

文部省『目で見る教育100年のあゆみ』より

---

[3] 1872（明治5）年の「学制序文」（または「学事奨励に関する被仰出書」）は、立身出世と功利主義的教育観、実用的教育内容、受益者負担主義等の原則を表していた。谷口琢男「学制」『新版　現代学校教育大事典』ぎょうせい、2002年。

(2) 義務教育の制度構造

　義務教育を有効に進めていくための制度は、①就学義務、②就学援助義務（奨学義務）、③学校設置義務、④避止義務の四つの要素で構成されている。

①就学義務
a. 就学義務とその管理

　就学義務とは、保護者に課せられた義務であり、保護者が子に教育を受けさせる義務を指す。

　普通教育としての義務教育を受けさせる義務は9年(学校教育法第16条)であるが、その9年とは6歳になった翌日以後の最初の学年から15歳になった学年の終わりまでを指す。すなわち年齢主義である[4]。

　一方、市町村教育委員会は学齢児童生徒が漏れなく就学していることを

```
公教育の原理　1.義務性
義務教育制度の構造
①就学義務
　・保護者が子に教育を受けさせる義務がある
　・同時に、教育委員会と学校には管理義務が生じる
　・就学義務の猶予又は免除がある
②就学援助義務（奨学義務）
　・要保護・・・生活保護法における生活保護を受けるなかで教育扶助が
　　なされている
　・準要保護・・生活保護は受けていないが、援助される必要があり、学
　　校教育法における就学援助を受けている
③学校設置義務
　・市町村・・・小学校と中学校（ないし義務教育学校）の設置義務
　・都道府県・・特別支援学校の設置義務
④避止義務
　・使用者は「当該学齢児童又は学齢生徒が、義務教育を受けることを妨
　　げてはならない」（学校教育法第20条）
```

学校教育法

第十七条　保護者は、子の満六歳に達した日の翌日以後における最初の学年の初めから、満十二歳に達した日の属する学年の終わりまで、これを小学校、義務教育学校の前期課程又は特別支援学校の小学部に就学させる義務を負う。ただし、子が、満十二歳に達した日の属する学年の終わりまでに小学校の課程、義務教育学校の前期課程又は特別支援学校の小学部の課程を修了しないときは、満十五歳に達した日の属する学年の終わり（それまでの間においてこれらの課程を修了したときは、その修了した日の属する学年の終わり）までとする。

2　保護者は、子が小学校の課程、義務教育学校の前期課程又は特別支援学校の小学部の課程を修了した日の翌日以後における最初の学年の初めから、満十五歳に達した日の属する学年の終わりまで、これを中学校、義務教育学校の後期課程、中等教育学校の前期課程又は特別支援学校の中学部に就学させる義務を負う。

3　前二項の義務の履行の督促その他これらの義務の履行に関し必要な事項は、政令で定める。

管理する責任がある。すなわち、当該市町村の区域内に居住する学齢児童生徒に関して住民基本台帳に基づき学齢簿を編製しなければならない（学校教育法施行令第1条第1項・第2項）。そして就学時の健康診断を行い（学校保健安全法第11条）、その結果に基づき必要な助言や「義務の猶予若しくは免除又は特別支援学校への就学に関し指導を行う等適切な措置」を取る（学校保健安全法第12条）。その上で保護者と学校長にそれぞれ入学期日を通知する（学校教育法施行令第5条）。なお、保護者は、その子が指定された学校以外の区域の学校や私立学校などに就学する場合はその証明を教育委員会に届け出なくてはならない（学校教育法施行令第9条）。

　また、義務教育諸学校の校長は、常に学齢児童生徒の出席状況を明らかにしておかなければならない（学校教育法施行令第19条）。そして就学義務の不履行が認められる場合には教育委員会に通知し、通知を受けた教育委員会は保護者に対して出席を督促する（学校教育法施行令第20条・第21条）。そして、全課程を修了した者の氏名を市町村教育委員会に通知しなければならない（学校教育法施行令第22条）。

　なお、保護者が就学義務を履行せず、違反を行った場合は10万円以下の罰金の処罰が科される（学校教育法第144条）。また、外国人児童生徒については、その保護者に日本の義務教育の就学義務は課されていないが「経済的、社会的及び文化的権利に関する国際規約」に基づき、入学を希望する者に公立の義務教育諸学校への受け入れを保障している。

b. 就学義務の猶予又は免除 [5]

　一方、「病弱、発育不完全その他やむを得ない事由のため、就学困難と認められる者の保護者」に対して、市町村教育委員会は就学の義務を猶予又は免除することができる（学校教育法第18条）。またその際、保護者は医師等による証明書等を添えて市町村教育委員会に願い出ることとされている（学校教育法施行規則第34条）[6]。「病弱、発育不完全」とは特別支

4　年齢主義の対の概念が課程主義である。

5　ここでは以下を参照した。廣澤明「義務教育」（荒牧重人ほか編『教育関係法』別冊法学セミナー No.237 新基本法コンメンタール、日本評論社、2015年）91-96頁及び文部科学省ホームページ「就学義務の猶予又は免除について」（http://www.mext.go.jp/a_menu/shotou/shugaku/detail/1310253.htm）最終確認 2018年1月31日。

6　保護者の願出なしに市町村教育委員会独自の判断で就学義務の猶予又は免除はできない。

援学校における教育に耐えることができない程度とされ、治療または生命・健康の維持のため療養に専念することが必要で、教育を受けることが困難又は不可能な者が該当する[7]。「その他やむを得ない事由」については下表に記した。

表1　就学義務の猶予・免除に係る「その他やむを得ない事由」

1. 児童生徒の失踪
2. 児童自立支援施設又は少年院に収容されたとき[8]
3. 帰国児童生徒の日本語の能力が養われるまでの一定期間、適当な機関で日本語の教育を受ける等日本語の能力を養うのに適当と認められる措置が講ぜられている場合
4. 重国籍者が家庭事情等から客観的に将来外国の国籍を選択する可能性が強いと認められ、かつ、他に教育を受ける機会が確保されていると認められる事由があるとき
5. 低出生体重児等であって、市町村の教育委員会が、当該児童生徒の教育上及び医学上の見地等の総合的な観点から、小学校及び特別支援学校への就学を猶予又は免除することが適当と判断する場合

　なお、就学義務は、日本国内に居住する学齢児童生徒を持つ、国内居住の日本国籍の保護者に対して課される。そのため学齢児童生徒又は保護者が国外に転出している場合は、保護者に対して就学義務は課されない。

②就学援助義務（奨学義務）

　「経済的理由によつて、就学困難と認められる学齢児童又は学齢生徒の保護者に対しては、市町村は、必要な援助を与えなければならない」（学校教育法第 19 条）とされ、この規定の代表的なものが就学援助制度である。

　まず経済的な観点から、援助を必要とされる対象者は、児童生徒の保護者が、生活保護法第 6 条第 2 項に規定する「要保護者」（現に保護を受けているといないとにかかわらず、保護を必要とする状態にある者）と「準要保護者」（要保護者に準ずる程度に困窮している者）とに区別される。要保護者の世帯は、生活保護として扶助[9]がなされている。つまり、生活保護の中に教育扶助が含まれ、その世帯の児童生徒の義務教育に必要な教科書その他の学用品、通学用品、学校給食その他必要なものの範囲内に

7　関連して、入院中の児童生徒を対象とした「院内学級」が近隣の学校の分教室や特別支援学級として設置されることで教育がなされる例もある。

8　義務教育を終了しない在院者等に対しては、教科指導を行う（少年院法第 26 条第 1 項）。教科指導により学校の教育課程に準ずる教育を修了した在院者は、その修了に係る範囲に応じて当該教育課程を修了したものとみなす（少年院法第 27 条第 1 項）。なお、児童自立支援施設は猶予・免除の対象ではなくなったが、改正法の経過措置として、同施設の長が教科指導を実施する場合、「やむを得ない事由」として、猶予・免除を受けることになる。

9　生活扶助、教育扶助、住宅扶助、医療扶助、介護扶助、出産扶助、生業扶助、葬祭扶助（生活保護法第 11 条）。

おいてなされる（生活保護法第13条）。一方、準要保護者世帯に対しては、市町村が認定基準を規定し、学校教育法に基づく就学援助を実施している。その基準の多く（全体の72.9％）は、生活保護の基準額に一定の係数を乗じたものとなっており、生活保護基準の1.2〜1.3倍以下の割合が最も多い（2016年度文部科学省「就学援助実施状況等調査」）。

　表2において、準要保護者世帯は、すべての項目について就学援助費の支給を受けている。なお、要保護者世帯は、生活保護における教育扶助として支給されているものを除き（表2中の斜線）、一部、就学援助として支給されていることが分かる。

　このように要保護者世帯と準要保護者世帯では生活保護や就学援助費の支給に違いはある。しかし、生活保護か否かの「線引き」が「壁」となって同様に困窮する世帯の児童生徒に対する支援が妨げられないように、いずれの世帯の児童生徒に対しても同様に援助がなされるようになっている。

　また、特別支援学校への就学奨励に関する法律に基づいた、特別支援学校への就学援助費の支給がある。

表2　就学援助費の内容（自治体X市の例）

	援助費の種類	年 間 支 給 額（平成29年4月現在）				支給対象	
		小 学 校（円）		中 学 校（円）		要保護	準要保護
		第1学年	第2〜6学年	第1学年	第2〜3学年		
1	学用品費	11,420	11,420	22,320	22,320		○
2	通学用品費	―	2,230	―	2,230		○
3	新入学用品費	40,600	―	47,400	―		○
4	学校給食費(注1)	実費	実費	実費	実費		○
5	通学費	4キロ以上 実費		6キロ以上 実費			○
6	校外活動費	各学校長の作成する決算書により算出した額					○
7	宿泊学習費						○
8	修学旅行費					○	○
9	医療費(注2)	虫歯、中耳炎、結膜炎等学校保健安全法で定める疾病の治療に要した費用				○	○
10	クラブ活動費	実費 限度額2,710（該当学年）		実費 限度額29,600（該当学年）			○
11	生徒会費	実費 限度額4,570		実費 限度額5,450			○
12	PTA会費	実費 限度額3,380		実費 限度額4,190			○

平成29年度X市資料より。なお、X市の場合は、保護基準により算定した額の1.4倍未満の世帯が対象となっている。

③学校設置義務

　市町村は、その区域内にある学齢児童生徒を就学させるために必要な小学校および中学校を設置しなければならないとされるが、ただし、教育上有益かつ適切であると認めるときは、義務教育学校の設置をもってこれに代えることができる（学校教育法第38条および第49条準用）。また、都道府県は、その区域内にある学齢児童生徒のうち、視覚障害者、聴覚障害者、知的障害者、肢体不自由者又は病弱者で障害の程度が重いものを就学させるために必要な特別支援学校を設置しなければならない（同法第80条）。また国および地方公共団体は「へき地学校」（交通条件および自然的、経済的、文化的諸条件に恵まれない山間地、離島その他の地域に所在する学校）における教育の振興を図る（へき地教育振興法第2条・第3条）。

④避止義務

　避止義務とは保護者の就学義務を使用者等が妨げないよう、使用者等に課せられた義務である。歴史的には産業革命以後の産業の発達に伴って拡大した労働需要は児童労働にまで及んだが、これは就学を阻む一つの要因であり、避止義務はこれに対する「歯止め」と言える。すなわち「学齢児童又は学齢生徒を使用する者は、その使用によつて、当該学齢児童又は学齢生徒が、義務教育を受けることを妨げてはならない」（学校教育法第20条）。なお、避止義務違反については10万円以下の罰金に処される（第145条）。

　最低年齢については「使用者は、児童が満15歳に達した日以後の最初の3月31日が終了するまで、これを使用してはならない」（労働基準法第56条第1項）と基本を定めている。また、「児童の健康及び福祉に有害でなく、かつ、その労働が軽易なものについては、行政官庁の許可を受けて、満13歳以上の児童をその者の修学時間外に使用することができる」（労働基準法第56条第2項）としている。

2．無償性

　無償性とは、教育を受ける者もしくはその保護者が教育を受けるに当たって必要となる費用を負担しないことを指す。制度的には「教育を受け

る者もしくはその保護者が直接負担する私費負担から間接負担すなわち租税に基づく公費負担へと移行することを意味する」[10]。歴史的には学校の建築費や教員給与費の負担から始まったと言えるが、わが国ではとりわけ1900（明治33）年の第3次小学校令の改正において「市町村立尋常小学校ニ於イテ授業料ヲ徴収スルコトヲ得ズ」とし、義務教育の無償化がなされたことが大きい。

戦後の法制においては「義務教育は、これを無償とする」（日本国憲法第26条第2項）とし、「国又は地方公共団体の設置する学校における義務教育については、授業料を徴収しない」（教育基本法第5条第4項）と定めている。また「義務教育諸学校の教科用図書の無償措置に関する法律」によって、国公私立の区別なく、義務教育期間における教科書の無償給与が保障されている。

公教育の原理　2. 無償性

①国公立の義務教育諸学校における授業料の無償

「国又は地方公共団体の設置する学校における義務教育については、授業料を徴収しない」（教育基本法第5条第4項）

②教科書の無償

「義務教育諸学校の教科用図書は、無償とする」（義務教育諸学校の教科用図書の無償措置に関する法律第1条）

国公私立の区別なく、義務教育期間における教科書は無償で給与される。（「義務教育諸学校の教科用図書の無償措置に関する法律」）

3．中立性

(1)　政治的中立性

「良識ある公民として必要な政治的教養は、教育上尊重されなければならない」（教育基本法第14条第1項）と規定され、政治教育の必要性が指摘されている。一方、「法律に定める学校は、特定の政党を支持し、又はこれに反対するための政治教育その他政治的活動をしてはならない」（同条第2項）とされている。そして、「義務教育諸学校における教育の政治的中立の確保に関する臨時措置法」（中立確保法）では、「教育を党派的勢力の不当な影響又は支配から守り、もつて義務教育の政治的中立を確保するとともに、これに従事する教育職員の自主性を擁護すること」（第1条）とし、特定の政党を支持させる等の教育の教唆及び扇動の禁止（第3条）

10　馬場将光「教育の無償性」『新版現代学校教育大事典』ぎょうせい、2002年。

を規定している。つまり、中立確保法は、教員に対する不当な影響を与える外部勢力の違法な圧力を排除し、教員の教育活動における自主性を擁護するだけでなく、教員自身がそうした中立を逸脱するような不当な影響力を持つことを禁止している。

　また、公立学校の教員は、本来は地方公務員としての規定を受けるはずであるが、「当分の間、地方公務員法第36条の規定にかかわらず、国家公務員の例による」（教育公務員特例法第18条）。つまり、その制限の地域的範囲は「当該職員の属する地方公共団体の区域」を超えて全国に及ぶ。

　なお、国公私立を問わず全教員に対し、公職選挙法において「教育者は、学校の児童、生徒及び学生に対する教育上の地位を利用して選挙運動をすることができない」（公職選挙法第137条）とされている。

公教育の原理　3. 中立性

①政治的中立性 （教育基本法第14条）
「良識ある公民として必要な政治的教養は、教育上尊重されなければならない」（第1項）
「法律に定める学校は、特定の政党を支持し、又はこれに反対するための政治教育その他政治的活動をしてはならない」（第2項）

②宗教的中立性 （教育基本法第15条）
「宗教に関する寛容の態度、宗教に関する一般的な教養及び宗教の社会生活における地位は、教育上尊重されなければならない」（第1項）
「国及び地方公共団体が設置する学校は、特定の宗教のための宗教教育その他宗教的活動をしてはならない」（第2項）

(2) 宗教的中立性

　日本国憲法では「信教の自由」および「政教分離の原則」を定めている（第20条）。また宗教上の組織等に対する「公の財産」の使用を禁じている（第89条）。こうした趣旨から、まず「宗教に関する寛容の態度、宗教に関する一般的な教養及び宗教の社会生活における地位は、教育上尊重されなければならない」（教育基本法第15条第1項）とされる。同時に「国及び地方公共団体が設置する学校は、特定の宗教のための宗教教育その他宗教的活動をしてはならない」（同条第2項）とし、国公立学校の教育における宗教的中立を規定している。なお、私立学校の教育課程を編成する場合は、宗教を加えることができる。この場合においては、宗教をもって道徳に代えることができる（学校教育法施行規則第50条第2項）。

第3節　日本の学校体系

1．学校の体系と「公の性質」

　1947年3月31日に教育基本法と同時に学校教育法が公布され、翌4月1日に施行された。そして同日から新学制による小学校、中学校が発足した。翌1948年4月からは新制高等学校が、さらに1949年4月には新制大学が発足した。すなわち、この学校教育法によって、いわゆる6・3・3・4制としての日本の学校体系の基本が構成され、今日に至っている。

2．「公の性質」と学校設置者

　「法律に定める学校」とは、学校教育法第1条が定める学校を指し、具体的には、幼稚園、小学校、中学校、義務教育学校、高等学校、中等教育学校、特別支援学校、大学および高等専門学校が該当する。これらは学校教育法上の「学校」であり、「1条校」とも呼称される。

> ### 学校教育法で定められる「学校」
> ・いわゆる「1条校」とは、
> 　幼稚園、小学校、中学校、
> 　義務教育学校、高等学校、
> 　中等教育学校、特別支援学校、
> 　大学および高等専門学校
>
> 　なお、専修学校、各種学校、保育所（児童福祉施設）、省庁大学校（防衛大学校など）等は、学校教育法第1条の「学校」ではない。

　他方、例えば、いわゆる専門学校や予備校には、専修学校（学校教育法第124条）や各種学校（学校教育法第134条）として位置付けられるもの、また保育所（児童福祉法に位置付けられる児童福祉施設の一つ）や省庁大学校[11]など、これらは学校教育法第1条に規定される「学校」には該当しない。

　そして「法律に定める学校は、公の性質を有するものであって、国、地方公共団体及び法律に定める法人のみが、これを設置することができる」

11　文部科学省以外の省庁の管轄でそれぞれの法律に位置付けられる防衛大学校など。
12　「構造改革特別区域法」によって株式会社や特定非営利活動法人が例外的に可能。

（教育基本法第6条）。つまり、一部例外[12]を除いて、国、地方公共団体あるいは学校法人（私立学校法第3条）が設置者となる。

　私立学校は個人や団体等による建学の精神に基づき創設され、多くの人材を輩出し、社会的に貢献してきたと言える。よって、「私立学校の有する公の性質及び学校教育において果たす重要な役割にかんがみ、国及び地

図2　日本の学校体系図

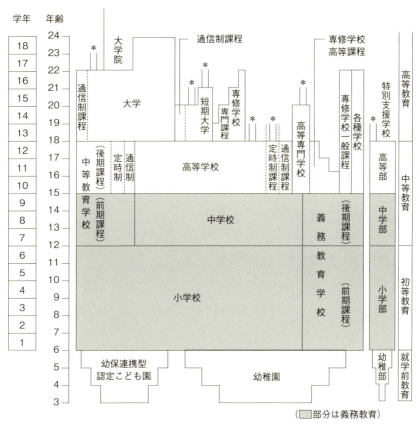

（注）(1)＊印は専攻科を示す。
　　 (2)高等学校、中等教育学校後期課程、大学、短期大学、特別支援学校高等部には修業年限1年以上の別科を置くことができる。
　　 (3)幼保連携型認定こども園は、学校かつ児童福祉施設であり、0～2歳児も入園することができる。
　　 (4)専修学校の一般課程と各種学校については年齢や入学資格を一律に定めていない。

文部科学省『諸外国の教育動向　2016年度版』明石書店、2017年、368頁

方公共団体は、その自主性を尊重しつつ、助成その他の適当な方法によって私立学校教育の振興に努めなければならない」(教育基本法第8条)。

私立学校を運営する学校法人は、学校教育法が定める「学校」を運営する限りにおいては教

学校設置者

• 「法律に定める」学校の設置者

「法律に定める学校は、公の性質を有するものであって、国、地方公共団体及び法律に定める法人のみが、これを設置することができる」(教育基本法第6条第1項)

国 ・・・・・・・・・・・国立学校
地方公共団体
　　　（都道府県、市町村）・・・公立学校
学校法人 ・・・・・・・・・・私立学校

なお、一部の例外として「構造改革特別区域法」で株式会社や特定非営利活動法人による学校がある。

育課程の基準としての学習指導要領にのっとった教育課程を編成することなど、教育関係諸法の制約を受ける。ただし、そうした学校の運営に当たっては、公益法人等として税制面で優遇されるほか、公金による助成（いわゆる私学助成金など）[13] が行われている。

第4節　公教育をめぐる課題

1．無戸籍の児童生徒の就学問題

文部科学省は、法務省が 2015 年 3 月 10 日現在で把握した「無戸籍者」(日本国籍を有するものの戸籍に記載がない者）について就学状況の調査を行った。そこでは学齢児童生徒 142 人のうち、1 人が未就学、また就学している者のうち 6 人は過去に未就学の期間があったことが判明した。

こうした場合、無戸籍や住民基本台帳への未記載の場合は就学ができないと保護者が誤解している、さらにはいわゆる DV（ドメスティック・バイオレンス）等により居住地を隠さなくてはならない等の事情なども考えられる。しかし、「戸籍の有無にかかわらず、学齢の児童生徒の義務教育諸学校への就学の機会を確保することは、憲法に定める教育を受ける権利

13　運営に掛かる経常費や施設・設備等の経費に対する補助金。憲法第 89 条の規定をめぐって議論があるが、政府見解では、私学は「公の支配」にあるとされる。

を保障する観点から極めて重要」と指摘され、こうした事実を把握したときは直ちに学齢簿を編製し、対面で丁寧に就学案内を行うなど、当該児童生徒の就学機会を逸することのないよう取り組みを徹底することが通知された[14]。

2．障害者差別解消法と「合理的配慮」

障害者差別解消法（「障害を理由とする差別の解消の推進に関する法律」）は、すべての国民が、障害の有無によって分け隔てられることなく、相互に人格と個性を尊重し合いながら共生する社会の実現に向け、障害者差別の解消を推進することを目的としている。ここでの重要な観点としては「不当な差別的取扱い」の禁止と「合理的配慮」の提供がある。後者の「合理的配慮」は、具体的場面や状況に応じて異なり、多様かつ個別性の高い場合も考えられるが、障害のある人が現に置かれている状況を踏まえ、社会的障壁を除去するための手段や方法について、相互理解を進め、必要なものについて、また負担が重すぎない範囲で柔軟に対応することが求められると言える。教育の現場でも、物理的環境や人的支援および意思疎通に関する配慮、ルール・慣行の柔軟な変更等が求められる[15]。

3．不登校等への支援と教育機会の確保

教育機会確保法（「義務教育の段階における普通教育に相当する教育の機会の確保等に関する法律」）では、まず、不登校児童生徒に対しては「休んでもよい」ということ、つまり、「個々の不登校児童生徒の休養の必要性」（第13条）を明示している。また「学校以外の場」で行う学習活動の状況等の継続的な把握（第12条）やそうした場での活動に対する支援（第13条）に関する国および地方公共団体の責任を明確化した。ここで学校以外の場とは、教育委員会による支援センター、民間のフリースクール、自宅などがあるが、こうした場が学校教育の場を代替するわけではない。しかし教育機会の確保の観点から、学校以外の場にいる間の支援の観点を

---

14 「無戸籍の学齢児童・生徒の就学の徹底及びきめ細かな支援の充実について（通知）」2015年7月8日。
15 「文部科学省所管事業分野における障害を理由とする差別の解消の推進に関する対応指針について（通知）」2015年11月26日。

明確化したものと言える[16]。

　また教育機会確保法では、夜間その他特別な時間において授業を行う学校における就学の機会の提供その他の必要な措置を講ずるとしている（第14条）。いわゆる「夜間中学」等は、「義務教育を修了しないまま学齢期を経過した者や、不登校など様々な事情により十分な教育を受けられないまま中学校を卒業した者、本国や我が国において十分に義務教育を受けられなかった外国籍の者等の教育を受ける機会を実質的に保障するための重要な役割」が指摘されており、全ての都道府県・政令指定都市において設置が目指されている（文部科学省「夜間中学の設置・充実に向けた取組の一層の推進について（依頼）」令和3年2月16日）。

　なお、中学校卒業程度認定試験は、病気等、やむを得ない理由で保護者の就学義務が猶予または免除（学校教育法第18条）されたものが受けることができ、合格者には高等学校の入学資格が与えられる。また、高等学校卒業程度認定試験があり、合格すれば大学等の受験ができる。

4．無償性の範囲とその議論

　2010年、民主党政権において公立高等学校の授業料が原則不徴収とされて無償となった。しかし、その後再び自由民主党が政権を得ると「公立高等学校に係る授業料の不徴収及び高等学校等就学支援金の支給に関する法律の一部を改正する法律」（2014年4月施行）によって、保護者の所得制限が設けられるとともに、公立および私立ともに就学支援金を支給する制度に一本化し、世帯年収910万円未満（モデル世帯）[17]の生徒のみを支給対象とすることとなった。

　さらに政府のいわゆる「人づくり革命」（「新しい経済政策パッケージ」2017年12月8日閣議決定）において幼児教育と高等教育の無償化が提言されている。まず、幼児教育の無償化については「3歳から5歳までの全ての子供たちの幼稚園、保育所、認定こども園の費用を無償化する」とした。「子ども・子育て支援新制度の対象とならない幼稚園については、公

16　「義務教育の段階における普通教育に相当する教育の機会の確保等に関する法律の公布について（通知）」2016年12月22日。

17　市町村民税所得割額が30万4,200円未満。目安年収910万円未満の両親の一方が働いていて、高校生1人、中学生1人の家庭の場合。（文部科学省「高等学校等就学支援金リーフレット」）。

平性の観点から、同制度における利用者負担額を上限として無償化する」
とした。また、0歳〜2歳児については待機児童が9割を占め、3歳〜5
歳児を含めた待機児童の解消が最優先とするが、「0歳〜2歳児についても、
当面、住民税非課税世帯を対象として無償化を進めることとし、現在は、
住民税非課税世帯の第2子以降が無償とされているところ、この範囲を全
ての子供に拡大する」とした。

　大学については、住民税非課税世帯の学生に対しては、国立大学の場合
はその授業料を免除し、私立大学の場合は、国立大学の授業料に加え、私
立大学の平均授業料の水準を勘案した一定額を加算した額までの対応を図
るとし、入学金（国立大学の入学金を上限）についても免除するとしてい
る。また給付型奨学金については支援を受けた学生が学業に専念できるよ
うにするため、学生生活を送るのに必要な生活費を賄えるような措置を講
じるとし、在学中に学生の家計が急変した場合も含め対応するとした。さ
らに住民税非課税世帯に準ずる世帯の学生に対しても準じた支援を段階的
に設定し、給付額の段差をなだらかにするとした。

▶ Question

☑ 日本国憲法第26条に関して、権利と義務の観点を明確にした上で規定
　されている内容について説明しなさい。

☑ 公教育の原理の一つである義務性について、その制度構造の要素を四つ
　挙げ、それぞれを簡潔に説明しなさい。

☑ 公教育の原理は三つあるが、その一つである義務性を除いた残りの二つ
　を挙げるとともに、それぞれの内容について簡潔に説明しなさい。

第2章

教育に関する法体系

▶ Point

☑ 教育基本法を頂点に体系化されている教育法規は、学校教育法などの他の法律、政令、省令等により構成され、規定の具体を補完し合っている。

☑ 義務教育法制では教育の機会均等を実現するため、学習指導要領、教員免許状、教職員定数など多岐にわたる領域で義務や基準を設けている。

☑ 教育基本法改正により、教育責任を果たすための国や地方公共団体の役割が明記され、教育水準の維持・向上を重視する国の姿勢が明確化した。

第1節　国内法規と国際法規の体系

1．成文法と不文法

　日本は成文法主義（制定法主義）を採っている。成文法（制定法）とは、国や地方公共団体などが一定の手続きを経て制定したもので、文章の形で書き表されている法のことである。国際機関が制定する条約、国が制定する法律、地方公共団体が制定する条例などがある。成文法主義においては、最も重要な法源（裁判で裁判官が判断を下すときの根拠）は成文法である。

　しかしながら、社会生活のあらゆる場面を成文法で規定することは難しく、成文法で規定されていない隙間の部分もある。その隙間を埋める形となるのが不文法である。不

成文法と不文法

・成文法
（国際法規）
条約（憲章、規約、協定、協約、議定書など）
（国内法規）
（国の法規）
憲法―法律―政令―省令―（告示、訓令、通達）
↓
（地方公共団体の法規）条例、規則、教育委員会規則

・不文法
（国際法規）国際慣習法
（国内法規）判例法、慣習法、行政実例法、条理法

文法とは、文章の形で書き表されていないものの、法規範として法的効力を持つようになったものである。不文法には、判例法、慣習法、行政実例法、条理法がある。

判例法とは、過去の裁判で裁判官が下した判断が先例（＝判例）となり、類似の裁判でも同様の判断が下され、やがてその判断が後の裁判の判決を拘束するようになるときの法規範のことである。慣習法とは、その社会の構成員に共有されてきた、暗黙の了解となっている一定の行動様式やルール（＝慣習）が法規範となったものである。行政実例法とは、当該の法律を所管する中央省庁が地方公共団体に通達や通知等の形で示した法解釈（＝行政実例）が、他の類似の案件で参照され法的な規範を持つようになったものである。条理法とは、成文法や判例法、慣習法、行政実例法の中に判断基準が欠けるとき、社会通念や公序良俗など、その社会で人々に広く支持されている物事の道理を法的判断の基準とするものである。

2. 国際法規の体系

日本国内では、国際法規も事実上の法的効力を持つ。国際法規は、国家間の合意に基づくもので、国際社会を規律するものである。条約と国際慣習法から成る。条約は成文法、国際慣習法は不文法である。

条約は、国家と国家、国家と国際機関の間で結ばれる合意である。締結した国の間でしか効力を持たない。条約には、憲章、規約、協定、議定書などの名称も使用されるが、いずれも法的効力に優劣はない。日本国内では、条約は批准や交付等の手続きにより発効する。

国際法規の体系

- **条　約**：国家と国家、国家と国際機関の間の文書による合意。
  批准や交付によって国内法としての効力を持つ。
  例）児童の権利に関する条約、人種差別撤廃条約

- **憲　章**：　例）国際連合憲章、ユネスコ憲章

- **規　約**：　例）国際人権規約（社会権規約、自由権規約）

- **協　定**：　例）日米地位協定、経済連携協定

- **議定書**：　例）難民の地位に関する議定書

3. 国内法規の体系

(1) 国の法規

　国内法規は、法的効力の優劣によって体系化されている。国内法規の最上位にあるのは憲法である。次いで、法律、政令、省令、条例、規則となっている。法律、政令、省令は国のレベルで、条例、規則は地方公共団体のレベルで制定される。

　憲法は国内最高法規で、憲法の条規に反する法律、命令（政令、省令など）は効力を有しない。憲法には、国民の教育を受ける権利や義務教育の無償を規定した第26条をはじめ、法の下の平等（第14条）、思想良心の自由（第19条）、学問の自由（第23条）などの規定がある。

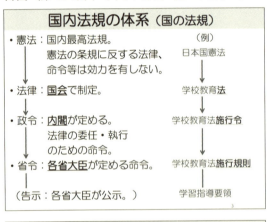

　法律は国会で、政令は内閣で、省令は各省大臣によって制定される。政令は、憲法や法律の規定を実施するために制定される。省令は、法律や政令の規定を実施するために制定される。政令や省令は、法律の委任なしに、国民に義務や制限を課したり罰則を設けたりすることはできない。

　教育法規は、第2次世界大戦後、日本国憲法が公布された後、1947年の教育基本法と学校教育法の制定をはじめとして整備されていった。教育に関する事項は、憲法ではなく教育基

| 第2章

表1　法律—政令—省令による規定の具体性（例：就学事務）

日本国憲法第26条
2　すべて国民は、**法律の定めるところにより**、その保護する子女に普通教育を受けさせる義務を負ふ。義務教育は、これを無償とする。

教育基本法第5条
1　国民は、その保護する子に、**別に法律で定めるところにより**、普通教育を受けさせる義務を負う。

学校教育法第16条
1　保護者（子に対して親権を行う者（親権を行う者のないときは、未成年後見人）をいう。）は、次条に定めるところにより、子に9年の普通教育を受けさせる義務を負う。

学校教育法第17条
1　保護者は、子の満6歳に達した日の翌日以後における最初の学年の初めから、満12歳に達した日の属する学年の終わりまで、これを小学校、義務教育学校の前期課程又は特別支援学校の小学部に就学させる義務を負う。ただし、子が、満12歳に達した日の属する学年の終わりまでに小学校の課程、義務教育学校の前期課程又は特別支援学校の小学部の課程を修了しないときは、満15歳に達した日の属する学年の終わり（それまでの間においてこれらの課程を修了したときは、その修了した日の属する学年の終わり）までとする。
2　保護者は、子が小学校の課程、義務教育学校の前期課程又は特別支援学校の小学部の課程を修了した日の翌日以後における最初の学年の初めから、満15歳に達した日の属する学年の終わりまで、これを中学校、義務教育学校の後期課程、中等教育学校の前期課程又は特別支援学校の中学部に就学させる義務を負う。
3　前二項の義務の履行の督促その他これらの義務の履行に関し必要な事項は、**政令で定める**。

学校教育法施行令第1条
1　市町村の教育委員会は、当該市町村の区域内に住所を有する学齢児童及び学齢生徒について、学齢簿を編製しなければならない。
4　第1項の学齢簿に記載をすべき事項は、**文部科学省令で定める**。

学校教育法施行規則第30条
1　学校教育法施行令第1条第1項の学齢簿に記載をすべき事項は、次の各号に掲げる区分に応じ、当該各号に掲げる事項とする。
一　学齢児童又は学齢生徒に関する事項　氏名、現住所、生年月日及び性別
二　保護者に関する事項　氏名、現住所及び保護者と学齢児童又は学齢生徒との関係
三　就学する学校に関する事項

※条文一部省略

本法に規定することで憲法を補完するとされたことから、教育基本法は準憲法的法規と位置付けられており、教育法規の中で最高位にある。教育基本法は日本の教育の理念や基本原則を示しているが、条文は抽象度が高く、このままでは具体的な行動に移りにくい。そのため、教育基本法に規定した内容を、行動基準となる程度に個別具体的に規定するため、他の教育法規が整備されていった。このとき、「法律」は制定や改正の際に国会審議を必要とするため、必ずしも制定や改正が迅速に行われるとは限らない。そこで、法律ではあまり細かなところまで規定せず、運用上の詳細な規定は、国会審議を経る必要のない「政令」や「省令」に盛り込むという形式が採られてきた。教育法規でも、文部省令（文部科学省令）によって運用上の具体を定めてきた。法律—政令—省令の規定の関係性は、表1のようになっている。

(2) 地方公共団体の法規

国内法規の体系（地方公共団体の法規）
国の法令に違反しない限りで制定できる

・条例：都道府県・市町村議会で議決。
　　　例）大阪府教育行政基本条例
　　　　　東京都学校経営支援センター設置条例

・規則：地方公共団体の長が制定。
　　　例）大阪府子どもを性犯罪から守る条例施行規則
　　　　　大阪府児童虐待の防止等に関する法律施行細則
　　　　　東京都青少年の健全な育成に関する条例施行規則

・教育委員会規則：教育委員会が制定。
　　　例）府費負担教職員の評価・育成システムの実施に
　　　　　関する規則（大阪府）
　　　　　指導力不足等教員の取扱いに関する規則（東京都）

地方公共団体は、自治立法権に基づき、議会において、法令（法律や政令・省令など）に反しない範囲で条例を制定することができる（日本国憲法第94条、地方自治法第14条）。法律の委任がなくても、条例では国民に義務や制限を課したり罰則を設けたりすることができる。条例はそれを制定した地方公共団体の中でのみ効力を有する。

　また、地方公共団体の長は、法令に反しない範囲で、その権限に属する事務に関して規則を制定できる。教育委員会も規則を制定できる。教育委員会規則の代表例は学校管理規則である。

4. 法規の効力の原理

法規には効力の優劣があり、三つの原理がある。

まず、法規の形式的効力の原理である。これは、憲法を頂点として体系化された法令において、上位の法令が下位の法令に優先するという原理である。法律は憲法の規定に反して制定す

法規の効力の原理

①法規の形式的効力の原理
　上位の法令が下位の法令に優先する。
　　　例）学校教育法 ＞ 学校教育法施行令 ＞ 学校教育法施行規則

②後法優先の原理
　同一の効力を持つ法律間では、
　後法（後からできた法律）は前法（前からある法律）に優先する。
　　　例）教科書無償措置法（1963年）＞ 地方教育行政法（1956年）

③特別法優先の原理
　一般法に対して特別法が優先する。
　　　例）教育公務員特例法 ＞ 地方公務員法
　　　　　地方教育行政法 ＞ 地方自治法

ることはできず、政令や省令は法律の規定に反して制定することはできない。また、条例や規則は、国の法令に反して制定することはできない。次に、後法優先の原理である。これは、同一の効力を持つ法律間では、後法は前法に優先するという原理である。そして、特別法優先の原理である。これは、一般法に対して特別法が優先するという原理である。

第2節　教育関係法規の種類

教育基本法を頂点として整備されてきた教育法規は、規制の対象領域により、幾つかの種類に分けられる。文部科学省だけでなく他省所管の法律の中にも、教育に密接な関わりを持つものは多々ある。

教育関係法規の種類（文部科学省所管分）

- **教育の基本に関する法律**
  - 教育基本法
- **学校教育に関する法律**
  - 学校教育法、義務教育諸学校の教科用図書の無償措置に関する法律、学校給食法、学校保健安全法、私立学校法、いじめ防止対策推進法など
- **社会教育・生涯学習に関する法律**
  - 社会教育法、図書館法、博物館法、スポーツ基本法など
- **教育行政に関する法律**
  - 地方教育行政の組織及び運営に関する法律、文部科学省設置法など
- **教育財政に関する法律**
  - 市町村立学校職員給与負担法、義務教育費国庫負担法など
- **教育職員に関する法律**
  - 義務教育諸学校における教育の政治的中立の確保に関する臨時措置法、教育公務員特例法、教育職員免許法など

教育関係法規の種類（他省所管分）

- **内閣府所管**
  - 国旗及び国歌に関する法律、障害者基本法、子ども・子育て支援法、子ども・若者育成支援推進法、子どもの貧困対策の推進に関する法律、障害を理由とする差別の解消の推進に関する法律など
- **総務省所管**
  - 地方自治法、地方公務員法、国家公務員法など
- **厚生労働省所管**
  - 労働基準法、児童福祉法、社会福祉法、児童虐待の防止等に関する法律、発達障害者支援法、保育所保育指針（告示）など
- **経済産業省所管**
  - 青少年が安全に安心してインターネットを利用できる環境の整備等に関する法律、生涯学習の振興のための施策の推進体制等の整備に関する法律、地域伝統芸能等を活用した行事の実施による観光及び特定地域商工業の振興に関する法律など
- **農林水産省所管**
  - 食育基本法

第3節　教育基本法に基づく教育の質保証の追求

1.「教育の機会均等」を支える法制度

　教育基本法は、1947年の制定時から教育の機会均等を重視してきた。教育基本法は2006年に改正されたが、新旧いずれの教育基本法でも、教育の機会均等は明記されている（旧法第3条、新法第4条）。教育の機会均等の実現に向けた具体的な規定は、表2に例示したように、教育基本法に連なる多数の教育法規の中に見て取ることができる。

表2　教育の機会均等に関わる法規定の例

地方教育行政の組織及び運営に関する法律

第一条の二　地方公共団体における教育行政は、教育基本法の趣旨にのつとり、<u>教育の機会均等、教育水準の維持向上及び地域の実情に応じた教育の振興が図られるよう</u>、国との適切な役割分担及び相互の協力の下、公正かつ適正に行われなければならない。

義務教育費国庫負担法

第一条　この法律は、義務教育について、義務教育無償の原則に則り、国民のすべてに対しその妥当な規模と内容とを保障するため、国が必要な経費を負担することにより、<u>教育の機会均等とその水準の維持向上とを図る</u>ことを目的とする。

へき地教育振興法

第一条　この法律は、<u>教育の機会均等の趣旨に基き</u>、かつ、へき地における教育の特殊事情にかんがみ、国及び地方公共団体がへき地における教育を振興するために実施しなければならない諸施策を明らかにし、もつてへき地における教育の水準の向上を図ることを目的とする。

※下線部引用者

　教育の機会均等のために、保護者には就学義務が課せられ、地方公共団体には学校設置義務が課せられ、児童生徒は義務教育を受けることができる仕組みになっている。しかし、一部の地方公共団体を除いて、保護者は児童生徒が通う学校を選べない。担任となる教員も選べない。このような中で、学校によって教育内容や教員の質や学校の施設設備が著しく異なっていると、教育の機会が「均等」とは言えなくなる。そこで、限界はある

ものの、なるべく教育条件が日本全国で均等になるように、さまざまな法令を整備し、教育の機会均等の実現に努めてきた。

　例えば、日本全国どこの小・中学校でも同じ内容を学ぶことができるように、教育課程の国家基準として学習指導要領を設けている。学習指導要領に示している内容は、すべての児童生徒に確実に指導しなければならず（学習指導要領解説 総則編）、教員は、学習指導要領に基づいて著作・編集された検定済教科書や文部科学省著作教科書を使用しなければならない（学校教育法第 34 条ほか）。また、教員は必ず教員免許状を持っていなければならない（教育職員免許法第 3 条）が、免許状の保有を義務付けることで、形式的ではあるものの、教員の質の確保を図っている。それ故、教員免許状の取得に必要な科目や単位数、単位の修得方法等まで詳細に規定している（教育職員免許法施行規則）。

　ほかにも、例えば、A 県と B 県で教員給与に大きな差があり、A 県の方がはるかに給与が高いと、B 県で教員を志望する人が少なくなり、教員確保に支障が出る可能性がある。地方公共団体の財政力によって教員給与に大きな差が生じないようにするため、義務教育段階の公立学校教員の給与については、国が一定割合を負担している（義務教育費国庫負担法第 2 条）。また、X 小学校では 1 学級が 20 人で編制されているのに、Y 小学校では 50 人で編制されているとしたら、担任 1 人当たりの業務負担に大きな差が生じるばかりでなく、児童生徒も教員との関わりの密度に差が出てくるだろう。こうした事態を防ぐため、1 学級当たりの児童生徒数は、小学校で 35 人、中学校で 40 人という基準が設けられている（公立義務教育諸学校の学級編制及び教職員定数の標準に関する法律第 3 条）。

　さらに、交通条件および自然的、経済的、文化的諸条件に恵まれない山間地や離島など（＝へき地）に住んでいるために児童生徒が義務教育を受けられないことにならないように、へき地学校に勤務する教職員の福利厚生に必要な措置を講じたり、へき地学校に通う児童生徒の通学を容易にするための措置を講じたりしている（へき地教育振興法第 3 条）。

2. 新 教育基本法の特徴

　教育基本法は、1947 年に「民主的で文化的な国家を建設して、世界の

平和と人類の福祉に貢献」することを理想として制定された。その後、約60年にわたり一度も改正されることなく、国内の教育法規の最上位に位置付けられてきたが、2000年3月に設置された教育改革国民会議（総理大臣の私的諮問機関）の報告書『教育改革国民会議報告―教育を変える17の提案―』（2000年12月22日）を契機として改正に向けた議論が活発となり、その後、閣議決定と国会審議を経て、2006年12月22日に新教育基本法は公布・施行となった。教育基本法は、旧法の全11条に対し、新法は全18条になった。この改正により、理念法としての性格が強かった教育基本法は、新たに政策法としての性格を前面に出す形で出発した。

　では、具体的に、新法では第1条から第17条で何を規定しているのか。新設された内容に着目すると、新法の特徴として次の点が指摘できる。

新 教育基本法の特徴

1. **教育水準の維持・向上、教育成果の重視**
   「教育の目標」（新法第2条）の詳述
   「義務教育の目的」を明記（第5条第2項）
   「国と地方公共団体の実施責任」を明記（第5条第3項、第16条）
   「教員」の指導力向上を重視（第9条）
   「教育振興基本計画」策定を義務化（国）、努力義務化（地方）（第17条）
2. 生涯学習社会の考え方の定着
   「生涯学習の理念」（第3条）の新設
3. 時代の変化を踏まえた加除
   「男女共学」（旧法第5条）の削除
   「特別支援教育」（第4条第2項）の新設
4. 教育ニーズの多様化への対応
   「大学」（第7条）、「私立学校」（第8条）の新設
5. **家庭教育支援・子育て支援の重視**
   「家庭教育」（第10条）、「幼児教育」（第11条）の新設
6. **学校と家庭・地域住民との連携協力の重視**
   「学校、家庭及び地域住民等の相互の連携協力」（第13条）の新設

①「教育の目標」（第2条）を詳述し、知徳体にわたる五つの具体的な達成目標が設定されている。

②「生涯学習の理念」（第3条）を新設し、国民一人ひとりが学校教育の場に限らず、生涯を通じて多様な学びの機会に参加できるような社会の実現を目指している。

　③時代の変化を踏まえ、社会的に達成されたとの判断から、「男女共学」（旧法第5条）は削除された。一方、「特別支援教育」（第4条第2項）を新設し、障害のある者が特別支援学校や特別支援学級の場に限らず十分な教育を受けられるように支援を講じることとしている。

　④教育水準の維持向上を実現するための教育行政の役割と責任を明確にしている。「義務教育の目的」（第5条第2項）を明記することで、義務教育の成果を点検できる土壌を整えた。教員には自己研鑽に努めることを求め、教員養成と研修の充実を重視している（第9条）。さらに、国と地

方公共団体には適切な役割分担と協力により、義務教育の水準確保に責任があることを明記している（第5条第3項）。同様の規定は、教育行政の義務として改めて指摘されている（第16条）。教育振興基本計画の策定を、国には義務、地方公共団体には努力義務として課している（第17条）。

⑤現代の教育ニーズの多様化を踏まえ、大学教育の充実（第7条）や私立学校教育の振興（第8条）を明記したり、教育をめぐる社会環境の変化を踏まえ、国や地方公共団体に対し、家庭教育の支援（第10条）や幼児期の教育環境の整備（第11条）に努めることを求めたりしている。

⑥教育において学校だけが丸抱えするのではなく、学校と家庭と地域住民等がそれぞれの役割と責任を自覚するとともに、互いに連携・協力に努めることも求められている（第13条）。

3. 教育基本法改正に伴う教育行政の質的変化

(1) 義務教育の目的と目標の明確化

教育基本法の改正により、義務教育の目的を達成し教育水準の維持向上を図るために、義務教育が体系的に整備され実施される必要があるという、国の強い意思が示されることになった。旧教育基本法では義務教育の目的は明記されておらず、教育の目的

義務教育の目的と目標の明確化

「義務教育の目的」を法律に明記することの意味
↓　履行責任が生じる

旧　教育基本法		新　教育基本法
×	義務教育の目的	→ ○ 第5条第2項
×	国や地方公共団体が役割分担をして責任を果たすべきこと	→ ○ 第5条第3項
×	文部科学省や教育委員会が施策や財政措置を講じる責任があること	→ ○ 第16条 ○ 第17条
×	教員が研究と修養に励むこと	→ ○ 第9条第1項
×	教員養成と教員研修の充実が図られる必要があること	→ ○ 第9条第2項

を達成する上で国や地方公共団体が役割分担して責任を果たすべきことも明記されていなかった。教育の振興にとって、国や地方公共団体の教育行政が施策や財政措置を講じる責任があることを明記したことは、新教育基本法の大きな特徴である。

教育基本法が義務教育の目的を明らかにしたことを受け、学校教育法では学校種別に教育の目的と目標を明記することになった。さらにそれを受

表3 義務教育の目的と目標が具体化される法令の体系

教育基本法
第5条（義務教育）
2 義務教育として行われる普通教育は、各個人の有する能力を伸ばしつつ社会において自立的に生きる基礎を培い、また、国家及び社会の形成者として必要とされる基本的な資質を養うことを目的として行われるものとする。

↓

学校教育法
第29条（小学校の目的）
小学校は、心身の発達に応じて、義務教育として行われる普通教育のうち基礎的なものを施すことを目的とする。

学校教育法
第30条（小学校教育の目標）
小学校における教育は、前条に規定する目的を実現するために必要な程度において第21条各号に掲げる目標を達成するよう行われるものとする。
2 前項の場合においては、生涯にわたり学習する基盤が培われるよう、基礎的な知識及び技能を習得させるとともに、これらを活用して課題を解決するために必要な思考力、判断力、表現力その他の能力をはぐくみ、主体的に学習に取り組む態度を養うことに、特に意を用いなければならない。

↓

学校教育法施行規則　第40条
小学校の設備、編制その他設置に関する事項は、この節に定めるもののほか、小学校設置基準の定めるところによる。

学校教育法施行規則　第50条第1項（小学校の教育課程）
小学校の教育課程は、国語、社会、算数、理科、生活、音楽、図画工作、家庭、体育及び外国語の各教科、特別の教科である道徳、外国語活動、総合的な学習の時間並びに特別活動によつて編成するものとする。

学校教育法施行規則　第52条
小学校の教育課程については、この節に定めるもののほか、教育課程の基準として文部科学大臣が別に公示する小学校学習指導要領によるものとする。

↓

小学校設置基準　第1条（趣旨）
小学校は、学校教育法その他の法令の規定によるほか、この省令の定めるところにより設置するものとする。
2 この省令で定める設置基準は、小学校を設置するのに必要な最低の基準とする。
3 小学校の設置者は、小学校の編制、施設、設備等がこの省令で定める設置基準より低下した状態にならないようにすることはもとより、これらの水準の向上を図ることに努めなければならない。

小学校学習指導要領（2017年告示）
第1章総則　第1　小学校教育の基本と教育課程の役割
1 各学校においては、教育基本法及び学校教育法その他の法令並びにこの章以下に示すところに従い、児童の人間として調和のとれた育成を目指し、児童の心身の発達の段階や特性及び学校や地域の実態を十分考慮して、適切な教育課程を編成するものとし、これらに掲げる目標を達成するよう教育を行うものとする。

第1章総則　第2　教育課程の編成　3　教育課程の編成における共通的な事項　(1) 内容等の取扱い
ア 第2章以下に示す各教科、道徳科、外国語活動及び特別活動の内容に関する事項は、特に示す場合を除き、いずれの学校においても取り扱わなければならない。
イ 学校において特に必要がある場合には、第2章以下に示していない内容を加えて指導することができる。また，第2章以下に示す内容の取扱いのうち内容の範囲や程度等を示す事項は、全ての児童に対して指導するものとする内容の範囲や程度等を示したものであり、学校において特に必要がある場合には、この事項にかかわらず加えて指導することができる。ただし、これらの場合には、第2章以下に示す各教科、道徳科、外国語活動及び特別活動の目標や内容の趣旨を逸脱したり、児童の負担過重となったりすることのないようにしなければならない。

け、初めて学校設置基準も設けられることになった。その結果、教育基本法第5条の規定は、表3のように下位の法令で具体化されることになった。

(2) 教育責任を果たすための教育行政と学校の役割の明確化

準憲法的法規ともされる教育基本法が改正されたことに伴い、多くの教育法令も改正された。なかでも、2007年6月に一部改正された、学校教育法、地方教育行政の組織及び運営に関する法律、教育職員免許法と教育公務員特例法は、「教育三法の改正」

> **教育責任を果たすための教育行政と学校の役割の明確化**
>
> 教育基本法の改正 → 教育<u>三法</u>の改正
>
> ### 「教育責任を果たす学校教育の実現」
>
> ①学校教育法
> 　学校種別に教育の目的と目標を明確化
> 　学校評価制度を導入
> ②地方教育行政の組織及び運営に関する法律
> 　教育委員会の役割と責任を明確化
> ③教育職員免許法
> 　教員免許状に有効期間を付す
> 　教育公務員特例法
> 　指導が不適切な教員に対する指導改善研修を新設

と一括りにされ、教育基本法改正に伴う教育行政の質的転換を象徴するものとなった。一口にいうと、教育三法の改正は、「教育責任を果たす学校教育の実現」を目指したものである。そのために、学校種別に教育の目的と目標を明確にするとともに、各学校の教育成果を点検できる仕組みを導入した（学校教育法）。加えて、地域の教育振興に果たす教育委員会の役割と責任を明確にし（地方教育行政の組織及び運営に関する法律）、教員の指導力の質の確保を目指した（教育職員免許法及び教育公務員特例法）。

Question

☑教育基本法が最も重視する理念の一つである「教育の機会均等」の具現化のため、他の法令で何が規定されているかを具体的に説明しなさい。

☑新教育基本法では、「義務教育の目的」（第5条第2項）を達成するために、誰にどのような責任や努力を課しているのかを説明しなさい。

☑教育基本法の改正に伴い、特に大きな改正となった四つの法律（「教育三法」）の正式な名称とそれぞれの改正の要点を説明しなさい。

第3章

教育における国の役割

▶ Point

☑教育行政とは、教育を領域とする行政のことである。教育行政には国が
担う中央教育行政と、地方公共団体が担う地方教育行政がある。

☑文部科学大臣は、文部科学省、国立教育政策研究所、中央教育審議会な
どとともに中央教育行政にあって中心的な役割を果たす。

☑文部科学大臣・文部科学省の重要な役割は、法律原案の作成、地方教育
行政への関与、教育改革の主導などである。

第1節　教育行政とは何か

1．教育行政とは何か

　教育行政とは、教育に関する行政のことをいう。行政には、警察行政、
消防行政、厚生行政、福祉行政、土木行政など、多くの領域がある。その
うち教育を領域とする行政を教育行政という。

　より具体的には、教育行政とは公教育をよりよく展開するために、公権
力が、教育活動について目標を設定し、目標達成のための諸条件を整備し、教育活動の助成と規制を行うことである。例えば、学校において教師、児童生徒、教材があっても、教育環境が劣悪であったり、教育に必要な人材や施設・設備が不足してい

教育行政の目的

【中央教育行政】

目的：教育の機会均等と教育水準の維持向上

・**日本国憲法第26条第1項**
すべて国民は、法律の定めるところにより、その能力に応じて、ひとしく教育を受ける権利を有する。

・**教育基本法第16条第2項**
国は、全国的な教育の機会均等と教育水準の維持向上を図るため、教育に関する施策を総合的に策定し、実施しなければならない。

【地方教育行政】

目的：地域の教育振興と実情に応じた教育

・**日本国憲法第92条**
地方公共団体の組織及び運営に関する事項は、地方自治の本旨に基いて、法律でこれを定める。

・**地方自治法第180条の8**
教育委員会は、別に法律の定めるところにより、学校その他の教育機関を管理し、学校の組織編制、教育課程、教科書その他の教材の取扱及び教育職員の身分取扱に関する事務を行い、並びに社会教育その他教育、学術及び文化に関する事務を管理し及びこれを執行する。

・**教育基本法第16条第3項**
地方公共団体は、その地域における教育の振興を図るため、その実情に応じた教育に関する施策を策定し、実施しなければならない。

教育基本法第16条第1項
教育は、不当な支配に服することなく、この法律及び他の法律の定めるところにより行われるべきものであり、教育行政は、国と地方公共団体との適切な役割分担及び相互の協力の下、公正かつ適正に行われなければならない。

たりすれば、教育効果を高めることは難しい。そこには何らかの助成が必要である。学校教育が目指すべき目標や教育課程がない場合も、やはり同様である。何らかの規制が必要である。教育行政として営まれるこうした助成や規制は、公教育を充実させていくために不可欠なものである。

2．中央教育行政と地方教育行政

　教育行政の基本的な在り方については、教育基本法第16条において定められている。すなわち、教育行政は「不当な支配に服することなく」という前提の下、二つの目的から営まれている。

　第一は、教育の機会均等と教育水準の維持向上の観点である。「教育を受ける権利」は、国民すべてに与えられた基本的人権の一つである。これを保障するためには、生まれた場所などの条件により教育機会が異なったり、教育水準に大きな違いがあったりすることは好ましくない。こうした考えの下、国が全国的な視野から教育の機会均等や教育水準の維持向上を図っている。

　第二は、地方自治である。日本国憲法第92条や地方自治法第180条の8において、公教育は地方公共団体（都道府県や市区町村など）の仕事であることを規定している。また、学校教育の場合、学校設置者が学校を管理運営することが原則になっている（学校教育法第5条、この原則を「設置者管理主義」という）。こうした考え方の下、地方公共団体がその地域の教育の振興を図り、その実情に応じた教育行政を実施している。

　国と地方公共団体は、それぞれ異なる目的を持ち、加えて互いに役割分担・協力をし、関与し合いながら教育行政を推進している。国により進められている教育行政を中央教育行政という。地方公共団体により進められている教育行政を地方教育行政という。本章では中央教育行政、特にその中心である文部科学省の組織と役割について見ていく。

第2節　文部科学省の組織

　中央教育行政は、文部科学大臣をトップとする文部科学省が中心となっ

て担っている。ここでは、中央教育行政において主要な役割を果たしている、文部科学大臣と文部科学省、国立教育政策研究所、中央教育審議会を取り上げる。なお、文部科学省は、文化庁とスポーツ庁を外局として持つ。本章では、文部科学省のうち外局を除いたものについて見る。

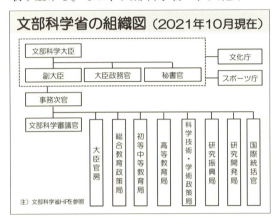

1．文部科学大臣と文部科学省

表1　文部科学大臣の権限（国家行政組織法第10～15条参照）

・所掌事務を統括し、職員の服務を統督すること
・法律・政令の制定・改正・廃止について立案し、内閣総理大臣に提出し閣議を求めること
・省令を発すること
・訓令・通達を発すること
・行政機関相互の連絡調整をすること

　文部科学大臣は文部科学省の長であり、内閣で決定した方針に従って所掌事務の管理と執行に当たる職である。具体的には、表1のような権限を持っている。そして文部科学大臣の下には、文部科学省が置かれている。文部科学省には副大臣、大臣政務官、秘書官、事務次官、文部科学審議官が置かれ、大臣を補佐している。副大臣と大臣政務官は、文部科学大臣と併せて「三役」とも呼ばれる省の中枢の職である。

　上記の者の監督や統括の下に、大臣官房、国際統括官のほか、総合教育政策局、初等中等教育局、高等教育局、科学技術・学術政策局、研究振興局、研究開発局の6局がある（表2）。これらの部署のうち、特に公立義務教育諸学校と関係しているのは、総合教育政策局と初等中等教育局であ

| 第3章 |

表2　文部科学省の各局の概要（2019年度）

大臣官房	文部科学省全体の政策の総合調整。 人事・総務・政策評価・情報公開・広報・情報処理・国際関係事務・国際援助協力などの分野での総括事務など。
総合教育政策局	教育改革の推進、教育を支える専門人材の育成、「生涯にわたる学び」の推進、「地域における学び」の推進、「ともに生きる学び」の推進など。
初等中等教育局	「生きる力」の育成、教職員指導体制の整備、学校における働き方改革、児童生徒への修学支援、いじめ等の問題行動等への対応、体罰禁止の徹底、キャリア教育の推進、情報化社会・グローバル社会を生き抜く力の育成、幼児教育の振興、教科書の充実、新しい時代にふさわしい教育制度の柔軟化の推進、学校健康教育の充実、高等学校教育改革など。
高等教育局	大学・大学院等の振興、奨学金事業、私立学校の振興、大学の国際化と留学生交流の推進など。
科学技術・学術政策局	科学技術・学術に関する基本的な政策の企画・立案、科学技術に関する調査・評価等、科学技術関係人材の育成、科学技術に関する国際活動の戦略的推進、イノベーション創出に向けた人材・知・資金の好循環システムの構築、研究開発基盤の強化など。
研究振興局	学術研究・基礎研究の推進、ライフサイエンス分野における研究開発の推進、情報科学技術分野における研究開発の推進、ナノテクノロジー・材料科学技術分野における研究開発の推進、素粒子・原子核分野における研究開発の推進など。
研究開発局	宇宙航空分野の研究開発の推進、原子力分野の研究開発の推進、環境エネルギー分野の研究開発の推進、海洋・極域分野の研究開発の推進、地震・防災分野の研究開発の推進など。
国際統括官	ユネスコ活動の振興。 ユネスコを通じた教育の普及・科学協力・文化活動の推進・持続可能な開発のための教育（ESD）・ユネスコスクールの活動の促進など。
【外局】 スポーツ庁	スポーツを通じた健康増進、障害者スポーツの振興、スポーツを通じた地域・経済活性化、学校における体育・運動部活動の充実、国際競技力の向上、2020年東京オリンピック・パラリンピック競技大会の開催準備、スポーツを通じた国際交流・協力など。
【外局】 文化庁	文化芸術政策の総合的推進、芸術文化の振興、日本博文化財の保存・活用、国際文化交流と国際協力の推進、新しい時代に対応した著作権施策の推進、国語施策と外国人に対する日本語教育施策の推進、宗務行政など。

注）文部科学省（2019）『文部科学省の概要』（パンフレット）参照。

る。なお、総合教育政策局では、教育振興基本計画の策定や、教育のグローバル化・情報化などに対応する教育改革を推進している。その他、学校基本調査、全国学力・学習状況調査、諸外国の教育事情の調査などの調査を実施することで、総合的かつ客観的な根拠に基づく政策立案（EBPM：Evidence-Based Policy Making）を推進している。

2. 国立教育政策研究所

　文部科学省には、さまざまな施設・機関が置かれている。国立教育政策研究所はその一つであり、教育政策に関する国立の研究機関である。学術的な研究活動から得た成果を、教育政策の企画・立案にとって意義ある知見として集約・提示する。また、国内の教育機関や団体に対して情報を提供し、必要な助言・支援を行う。研究的視点からエビデンス（科学的根拠）を提示し、文部科学省の政策形成やその実行に貢献することが、国立教育政策研究所の役割である。

3. 中央教育審議会

　文部科学省は、他の中央省庁と同様に、重要事項に関する調査・審議について学識経験者、有識者らで構成される合議機関に委ねることができる（国家行政組織法第8条）。中央教育審議会がこれに当たる（文部科学省組織令第75条）。

　中央教育審議会（通称、中教審）は、文部科学大臣の「諮問」に応じて、教育の振興等に関する重要事項を調査・審議し、文部科学大臣に意見を「答申」として述べることを任務としている。構成員は、30人以内で、文部科学大臣が学識経験者や有識者の中から任命する。審議会内には、審議する内容に応じていくつかの分科会が設置されている。教育制度分科会（教育改革、地方教育行政など）、生涯学習分科会（生涯学習、社会教育、視聴覚教育、青少年育成など）、初等中等教育分科会（初等中等教育、学校保健、学校安全、学校給食、教職員の養成など）、大学分科会（大学、高等専門学校など）などがそれである（中央教育審議会令）。

第3節　文部科学省の役割

　文部科学省の法的任務は、文部科学省設置法第3条に定められている（表3）。これを受け、文部科学省設置法第4条には、95項目の所掌事務が示されている（表4は概略）。

　実際に文部科学省はいかなる役割を担っているのか。以下では、教育に

関する法律案の作成、地方教育行政への関与、教育改革の主導、以上の3点について見ることにする。

表3　文部科学省の法的任務（文部科学省設置法第3条）

文部科学省は、教育の振興及び生涯学習の推進を中核とした豊かな人間性を備えた創造的な人材の育成、学術の振興、科学技術の総合的な振興並びにスポーツ及び文化に関する施策の総合的な推進を図るとともに、宗教に関する行政事務を適切に行うことを任務とする。

表4　文部科学省の所掌事務の概略（文部科学省設置法第4条参照）

・教育改革・生涯学習に関すること
・地方教育行政に関すること
・教職員に関すること
・初等中等教育・教科用図書・学校保健に関すること
・高等教育に関すること
・専修学校及び各種学校に関すること
・国立学校に関すること
・私立学校に関すること
・社会教育・家庭教育に関すること
・教育施設に関すること
・青少年育成に関すること
・科学技術・学術に関すること
・研究開発に関すること
・放射線・原子力・宇宙の研究開発に関すること
・スポーツに関すること
・文化に関すること
・宗教に関すること
・国際交流に関すること
・文化功労者に関すること
・教育機関や地方公共団体に対して指導助言、研修を行うこと

1．教育に関する法律原案の作成

　表3および表4に示した任務を果たすために、文部科学省の役割の中で重要なことは、教育に関する法律の原案を作成することである。

　法律は、中央省庁により原案が作成され、内閣における閣議決定を経て、国会で議決されて初めて効力を持つ。教育関係の法律も同様である。そこに至るまでのプロセスは多様であるが、一般的に、法律原案が文部科学省

の各局から「ボトムアップ方式」で上げられる。局内外の調整の後、最終的には文部科学大臣の決裁へ流れ、内閣を経て国会に至るという仕組みになっている。

　ただし、教育は国民の関心事であることに加え、国家財政の厳しさなどの社会的条件から、文部科学大臣や省内だけで法律原案を形成していくことには限界がある。故に、省外の意見を聞きつつ法律原案の正統化を図る必要がある。例えば、文部科学省が所轄する国立教育政策研究所の研究知見や、文部科学大臣の諮問機関である中央教育審議会の答申内容を反映させることで、法律案の正統化を図っている。また、中央教育行政組織以外の、外部者の意見を聞きながら慎重に政策形成することも多い。例えば、知事会・市町村長会や教育長連絡会、校長会・教頭会など、地方行政・地方教育行政関係団体の意見を取り入れることもある。パブリックコメントの募集などの形で国民全体に対して教育政策の在り方について意見を聴くこともある。

　また、この間、法律原案の実効性を高めるために、他の中央省庁と関わることもある。予算措置の必要がある場合は財務省と折衝を行う必要がある。また、例えば農林水産教育については農林水産省、キャリア教育や認定こども園などの子育てに関しては厚生労働省、環境教育については環境省などとの連携が必要になる場合もある。

2．地方教育行政への関与

　文部科学省は日常的に多様な手段で地方教育行政に関与する。この関与も、文部科学省の役割の中で重要なものの一つである。その在り方については、地方自治法や「地方教育行政の組織及び運営に関する法律」（以下、地教行法）によって規定されている。

　第1節で見た通り、教育は地方公共団体の仕事であり、その責任と権限で行う。その上で、教育の機会均等や教育水準の維持向上の理由から、両者の関係について相互の連絡、調整、協力が不可欠であることを訓示的に示しつつ（地教行法第51条）、文部科学省の地方公共団体に対する関与を法的に規定している。

　なお、関与の在り方は多様であるが、その作用については非権力的な作

用である助成作用と、権力的な作用である規制作用の二つの作用に大別できる。

　ここでは、文部科学省の地方公共団体に対する関与類型について、指導助言等、是正要求・是正指示、基準設定、援助・助成の四つを見る。

(1)　指導助言等

　指導助言とは、中央省庁から、地方公共団体や学校を一定方向に導く作用のことである。指導助言等は地方自治法にルールが定められている。それは「助言または勧告」「資料の提出の要求」「是正の要求」「同意」「許可、認可又は承認」

地方教育行政への関与

文部科学省

【指導助言等】（地方自治法第245条、地教行法第48条）
（地方自治法）助言・勧告、資料提出要求、是正要求、同意、許認可・承認、
　　　　　　代執行、協議
（地教行法）指導、助言、援助

【是正要求・是正指示】（地教行法第49条、第50条）
是正要求：児童生徒の教育を受ける権利が侵害されていることが明らかな場合
是正指示：児童生徒の生命に被害が生じ、または被害が見込まれる場合

【基準設定】
例）学習指導要領：学校における教育課程の基準
例）学校設置基準：学校において備えなければならない施設設備などの基準

【援助・助成】
例）県費負担教職員制度：公立義務教育諸学校の教職員給与費を3分の1国庫負担
例）研究指定校制度：教育改革を主導しうる学校に対する助成金支出

教育委員会・学校

「指示」「代執行」「協議」（地方自治法第245条）である。教育行政においてはこれに加えてまた別に、独自のルールが定められている。「指導」「助言」「援助」（地教行法第48条）がそれである。地方自治の趣旨に外れないよう指導助言等は非権力的であることが原則であるが、教育の機会均等の観点から権力的に作用する場合もある。

(2)　是正要求・是正指示

　教育行政上の問題に対して極めて不適切な対応があった場合、文部科学省から地方公共団体に対して、是正の要求（地教行法第49条）や指示（地教行法第50条）をすることがある。また、近年、いじめ問題を念頭に「生命又は身体に現に被害が生じ、又はまさに被害が生ずるおそれがあると見込まれ、その被害の拡大又は発生を防止する」ために、文部科学省が是正の指示を出せるように地教行法が改正された。是正要求・是正指示は、権力的な作用を持ち、それを受けた場合、地方公共団体は措置を講じなければならない。

例としては、いわゆる「高校未履修問題」への対応がある。2000年代半ば、高等学校において、当時の学習指導要領で必履修とされていた情報科や地歴公民科などの科目を、合計約10万人の高校生が履修していなかったことが全国的に問題となった。これに対し、当時の文部科学大臣が、地方公共団体などに是正を要求している。

(3) 基準設定

教育の機会均等を実現するため、法令などの形で基準が設定されている。基準は、原則的にはこれを下回ることを許さない権力的な作用を持つ。

例えば小学校学習指導要領は、国が設定する小学校の教育課程の基準であり、この基準を下回ること（教師がこれを踏まえないで教えること）は許されていない。学校設置基準も基準の例である。小学校設置基準では、1学級当たりの児童数、学校に配置する必要がある教諭の数、校舎や運動場の面積などについて基準を設けているが、この基準を下回るような管理運営は許されない。

(4) 援助・助成

援助・助成とは、特定の目標を達成するために、教育機関等を財政的に援助（誘導）することである。地方教育行政においては、それにかかる費用は巨額であり、それを個々の地方公共団体で賄うことは難しいし、賄うことができるところとできないところでは、必然的に教育条件に格差が生まれてしまう。教育の機会均等の観点からその格差を縮小するために、

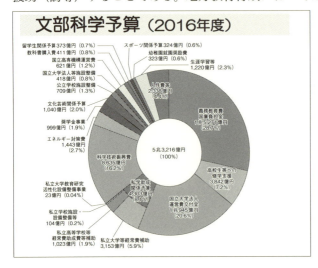

補助金・国庫負担金や助成金の形で各地方公共団体に財政的援助が行われている。

県費負担教職員制度がその例である。公立義務教育諸学校の教員給与の負担は都道府県が行っているが、その額は巨額である。負担を減らすために、その額の3分の1を国庫負担している。

また、教育改革、授業改革を主導し得る地方公共団体や学校に対し、財政的に助成を行うことがある。文部科学省による「研究指定校」（スーパー・イングリッシュ・ランゲージ・ハイスクール（SELHi）、スーパーサイエンスハイスクール（SSH）などが有名である）はその例である。指定校における成果を、文部科学省の政策形成に活用したり頒布したりもする。

3．教育改革の主導

現在、日本においてはさまざまな教育改革が行われている。その多くを地方公共団体と連携しつつ文部科学省が主導している。教育改革を主導することは、文部科学省の重要な役割である。

例えば、文部科学省は、国の教育改革の方向性を示すため「教育振興基本計画」（教育基本法第17条）の策定をしている。児童生徒の学力を保障するため、「全国学力・学習状況調査」を実施し、学習指導要領の改訂などに反映させている。学校で起こる教育問題を克服するためのさまざまな法令整備も行っている（例えば、いじめ対策を規定した「いじめ防止対策推進法」〈2013年〉制定、食物アレルギー対策を示した「学校給食における食物アレルギー対応指針」〈2015年〉作成、地震防災の危機管理について示した「学校防災マニュアル（地震・津波災害）作成の手引き」〈2012年〉作成など）。最近では教職員の勤務実態を踏まえた「働き方改革」を実現（例えば、教職員定数改善のための予算措置など）しようとしている。

これらの改革により、教育改革のための方向性を指し示したり、情報を提供したり、注意を喚起したり、義務を課したり、財源を確保して教育職員を増置したりするなどして、地方公共団体が行う教育改革を促しているのである。

これに対して、地方公共団体には「国との適切な役割分担及び相互の協力の下、公正かつ適正に」地方教育行政を行うよう、法律で規定している

（地教行法第 1 条の 2）。

　なお、近年においては、首相が教育に関する諮問機関を設け、教育改革を主導するケースも多い。いわゆる「官邸主導」である。2021 年現在、首相、文部科学大臣、有識者を構成員とする教育再生実行会議が設置されていて、12 次にわたる提言を行っている。例えば「これからの時代に求められる資質・能力と、それを培う教育、教師の在り方について」（第 7 次提言、2015 年）においては、これからの教師に求められる人材像を示した上で、「アクティブ・ラーニング」「ICT 活用」など教育改革について提言している。こうした提言は、2017 年に告示された小学校学習指導要領にも盛り込まれているなど、影響力は強い。

> **Question**
> ☑ 中央教育行政、地方教育行政それぞれがいかなる観点から教育行政を進めているか、法的な根拠を示しながら説明しなさい。
> ☑ 文部科学省が作成する法律原案が、法律として効力を発揮するまでの過程を説明しなさい。
> ☑ 文部科学省が地方公共団体に関与する類型を四つ挙げ、それぞれについて説明しなさい。

| 第4章 |

第4章

教育における
地方公共団体の役割

Point

☑ 地方教育行政は、教育行政の三つの基本原理に基づいて、法制度が整備
されている。

☑ 教育委員会の組織は、（狭義の）教育委員会と教育委員会事務局で構成
される。教育長は教育委員会を代表し、事務局を統括する。

☑ 地方公共団体の長は、教育予算の執行権や総合教育会議を通じて、地方
教育行政に高い影響力を持っている。

第1節　地方教育行政とは何か

1. 地方教育行政とは何か

　教育行政とは、教育に関する行政のことをいい、より具体的には、公教
育をよりよく展開するために、公権力が、教育活動について目標を設定し、
目標達成のための諸条件を整備し、教育活動の助成と規制を行うことであ
る。国が行う教育行政を中央教育行政といい、地方公共団体単位で行う教
育行政を地方教育行政という。

　本章では、地方教育行政について取り上げる。

2. 教育委員会と地方公共団体の長

　地方公共団体において教育行政を担っているのは、第一に教育委員会で
あり、第二に地方公共団体の長である。後述のように、両者は制度上は対
等・独立の関係を持ち、役割分担をしながら教育行政を進めている。

　第一の教育委員会は、47 の各都道府県に設置される都道府県教育委員

051

会、約1,700の市町村（東京都の特別区も含む）に設置される市町村教育委員会、複数の市町村にまたがって設置される組合立教育委員会、以上の三つに区分できる（地方教育行政の組織及び運営に関する法律第2条）。組合立教育委員会とは、複数の小規模町村が共同で学校を設置するなどして、教育行政を共同で実施する場合に設置されるものであるが、数としては少数である。

第二の地方公共団体の長は、47の都道府県知事と約1,700の市町村長を指す。

なお、市には政令指定都市（おおむね人口50万人以上、2021年時点で20市）と中核市（おおむね20万人以上、2021年時点で62市）、その他の市がある。

第2節　教育行政の基本原理と教育委員会の組織原理

地方教育行政は、その歴史的経緯から他の行政とは異なる考え方で組織編成され、運営されてきた。その象徴が、教育委員会制度である。

1. 教育行政の基本原理

教育行政は、①法令主義・民主主義、②地方分権、③一般行政からの独立（政治的中立性の確保）、以上の三つの基本的な考え方の下、法制度が整備されている。

第一の法令主義・民主主義については、教育基本法第16条第1項に「教育は、不当な支配に服することなく、この法律及び他の法律の定めるところにより行われるべき」とある。つまり、学校教育を含めた公教育は、法

教育行政における3原則

法令主義・民主主義
- 教育基本法第16条第1項
- 教育は、不当な支配に服することなく、この法律及び他の法律の定めるところにより行われるべきものであり、教育行政は、国と地方公共団体との適切な役割分担及び相互の協力の下、公正かつ適正に行われなければならない。

地方分権
- 日本国憲法第92条
- 地方公共団体の組織及び運営に関する事項は、地方自治の本旨に基いて、法律でこれを定める。
- 地方自治法第1条の2
- 地方公共団体は、住民の福祉の増進を図ることを基本として、地域における行政を自主的かつ総合的に実施する役割を広く担うものとする。
- 地教行法第1条の2
- 地方公共団体における教育行政は、教育基本法の趣旨にのっとり、教育の機会均等、教育水準の維持向上及び地域の実情に応じた教育の振興が図られるよう、国との適切な役割分担及び相互の協力の下、公正かつ適正に行われなければならない。

一般行政からの独立（政治的中立性の確保）
- 地方自治法第180条の8
- 教育委員会は、別に法律の定めるところにより、学校その他の教育機関を管理し、学校の組織編制、教育課程、教科書その他の教材の取扱及び教育職員の身分取扱に関する事務を行い、並びに社会教育その他教育、学術及び文化に関する事務を管理し及びこれを執行する。

表 1　教育委員会の職務権限（地教行法第 21 条）

教育委員会は、当該地方公共団体が処理する教育に関する事務で、次に掲げるものを管理し、及び執行する。

一　教育委員会の所管に属する第三十条に規定する学校その他の教育機関（以下「学校その他の教育機関」という。）の設置、管理及び廃止に関すること。

二　教育委員会の所管に属する学校その他の教育機関の用に供する財産（以下「教育財産」という。）の管理に関すること。

三　教育委員会及び教育委員会の所管に属する学校その他の教育機関の職員の任免その他の人事に関すること。

四　学齢生徒及び学齢児童の就学並びに生徒、児童及び幼児の入学、転学及び退学に関すること。

五　教育委員会の所管に属する学校の組織編制、教育課程、学習指導、生徒指導及び職業指導に関すること。

六　教科書その他の教材の取扱いに関すること。

七　校舎その他の施設及び教具その他の設備の整備に関すること。

八　校長、教員その他の教育関係職員の研修に関すること。

九　校長、教員その他の教育関係職員並びに生徒、児童及び幼児の保健、安全、厚生及び福利に関すること。

十　教育委員会の所管に属する学校その他の教育機関の環境衛生に関すること。

十一　学校給食に関すること。

十二　青少年教育、女性教育及び公民館の事業その他社会教育に関すること。

十三　スポーツに関すること。

十四　文化財の保護に関すること。

十五　ユネスコ活動に関すること。

十六　教育に関する法人に関すること。

十七　教育に係る調査及び基幹統計その他の統計に関すること。

十八　所掌事務に係る広報及び所掌事務に係る教育行政に関する相談に関すること。

十九　前各号に掲げるもののほか、当該地方公共団体の区域内における教育に関する事務に関すること。

表 2　地方公共団体の長の職務権限（地教行法第 22 条）

地方公共団体の長は、大綱の策定に関する事務のほか、次に掲げる教育に関する事務を管理し、及び執行する。

一　大学に関すること。

二　幼保連携型認定こども園に関すること。

三　私立学校に関すること。

四　教育財産を取得し、及び処分すること。

五　教育委員会の所掌に係る事項に関する契約を結ぶこと。

六　前号に掲げるもののほか、教育委員会の所掌に係る事項に関する予算を執行すること。

(3) 地方公共団体の長と教育委員会との関係

第三に、地方公共団体の長と教育委員会との関係である。「一般行政からの独立（政治的中立性の確保）」の観点から、両者は対等・独立の関係にあるというのが原則である。他方で地方公共団体の長は、後述のように教育予算権限を握っており、教育委員会が地方公共団体の長の理解なく教育行政を行うことは、制度上難しい。また、地方公共団体の長は、政治家であり、一般行政（おおよそ教育行政以外の行政）の長でもある一方で、公選による住民の代表者でもあり、第二の点と関わってその言動が教育委員会に与える影響は大きい。教育委員会は、教育行政における政治的中立性を脅かされることなく地方公共団体の長の教育意思をどの程度反映させていくのかが問われているのである。

中央―地方関係、レイマンとプロフェッショナルとの関係、地方公共団体の長と教育委員会との関係は、いずれにしても各地域で大なり小なり異なる。故に、制度で一定の枠がありながらも、地方教育行政の在り方は地域によりさまざまである。

第3節　地方教育行政の役割

1. 教育委員会の職務、地方公共団体の長の職務

第1節で見た通り、地方教育行政を担う主体は教育委員会と地方公共団体の長である。地教行法では、両者の役割（職務権限）について、①教育委員会が担うもの、②地方公共団体の長が担うもの、③教育委員会が担うべきものでも状況に応じて地方公共団体の長が担うもの、以上の三つに区分している。

(1) 教育委員会の職務権限

教育委員会の職務権限については、表1のように規定している。学校教育に限っていえば、公立の義務教育諸学校に関する教育行政のほぼすべてを教育委員会がカバーしている。

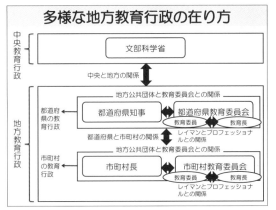

ここでは、①中央―地方関係、②レイマンとプロフェッショナルとの関係、③地方公共団体の長と教育委員会との関係、以上の3点について見る。

(1) 中央－地方関係

第一は中央―地方関係である。原則的に公教育は地方の実情に応じて地方公共団体が進めることになっている。他方で、教育の機会均等の考え方から、公教育のすべてを地方に委ねるべきではなく、そこに中央が関与する余地が残る。制度的には、1950年代から1990年代の長きにわたり、後者の考え方が強く支持され、極めて集権的に教育行政が行われてきた。これに対しては、中央の地方への関与が強すぎて地方が自律性を発揮できないことに対する批判もあった一方で、教育の機会均等を実現するために有効であったという評価もある。中央による関与をどの程度許して教育行政を行っていくかが常に地方教育行政には問われている。これは、中央―地方関係だけでなく、都道府県―市町村関係、教育委員会と学校との関係にも当てはまる。

(2) レイマンとプロフェッショナルとの関係

第二はレイマンとプロフェッショナルとの関係である。つまり、教育行政における民衆統制と専門的指導性とのバランスの問題である。制度的には前者を教育委員が担い、後者を教育長が担ってきた。しかし実態としては、教育委員は非常勤職であり公選（選挙によって選ばれること）ではないため、両者の関係においては教育長をはじめとする教育専門職員の意見が優勢となることが多い。このことが地方教育行政の硬直性や無責任性をもたらしてきたという批判もある。住民の教育意思をどの程度くみ上げて教育行政に反映させていくかが、地方教育行政の課題となっている。

令に基づいて管理運営なされるべきことを規定している。

　第二の地方分権については、地方自治法第1条の2に「地方公共団体は、住民の福祉の増進を図ることを基本として、地域における行政を自主的かつ総合的に実施する役割を広く担うものとする」とある。つまり、地域における行政は原則的に地方公共団体が行うことを規定している。なお、教育行政については特に「地方教育行政の組織及び運営に関する法律」（以下、地教行法）に、地方公共団体が行う教育行政の組織と運営の基本を規定している（第1条）。

　第三の「一般行政からの独立（政治的中立性の確保）」については、地方自治法第180条の8に、教育委員会は「学校その他の教育機関を管理し」「並びに社会教育その他教育、学術及び文化に関する事務を管理し及びこれを執行する」とある。「行政委員会」の形、つまり地方公共団体の長と対等・独立の関係を持ちながら、教育委員会が地方教育行政を中心的に行うことを規定している。

　つまり、教育行政は、法令に基づき、各地域で権限と責任を持って、地方公共団体の長から独立した教育委員会が中心的な役割を担うことになっている。

2．教育委員会の組織原理

　教育委員会は、次の二つの作用を働かせることを組織原理としている。二つの作用とは「民衆統制」（レイマン・コントロール；Layman control）と「専門的指導性」（プロフェッショナル・リーダーシップ；Professional leadership）である。教育は、一方で「住民目線」「市民感覚」を反映させることが求められる。他方では高い教育専門性が求められる分野である。住民の教育意思と教育専門家の意見とを抑制・均衡させながら教育行政を行っていくことを理想としているのである。

3．教育行政におけるさまざまな関係

　現在の教育委員会制度は、戦後教育改革期にルーツを持つ。以上の原理を一貫して保持して現在に至っている。

　他方、原理・原則の捉えられ方は、時代や地域によって一様ではない。

第4章

(2) 地方公共団体の長の担う職務権限

　地方公共団体の長の職務権限については、表2のように規定している。学校教育に限っていえば、大学、幼保連携型認定こども園、私立学校に関する教育行政は、教育委員会ではなく地方公共団体の長が行う。

　また、地方教育行政にとって重要な点は、教育予算の執行権を地方公共団体の長が持つという点である。教育委員会は、予算の執行権を持っておらず、たとえ教育委員会の職務権限に属するものであっても、教育委員会単独で実施することができないことが多い。例えば、学校の設置、教員の増置などには予算措置が必要であり、教育委員会で議決する必要があるだけでなく、地方議会での議決や地方公共団体の長の承認を得た上で、条例などの形で明文化する手続きが必要となる。このように、地方公共団体の長は法的に権限が限られているようには見えるけれども、地方教育行政に与える影響力は決して小さくない。

(3) 場合によって地方公共団体の長が担う職務

　場合によっては地方公共団体の長が担う職務については、表3のように規定している。この規定は、教育委員会が担うよりも地方公共団体の長が担うことが適切であると議会で判断された場合の特例として設けられている。例えばスポーツについていえば、健康増進の観点から地方公共団体の長が行う福祉行政として進めた方がよい場合がある。また、2021年に東京で開催された東京オリンピック・パラリンピックは、教育委員会だけでこれを担うには規模が大きすぎるため、メインの開催地である東京都だけでなく、文部科学省や日本全国の協力の下で開催された。以上のように教育委員会のみで担うことが適切ではなく、地方公共団体の長が担うことが適切と判断されれば、本来は教育委員会の責任で行うべき事項でも地方公共団体の長の責任の下で行うことがある。

057

表3　場合によっては地方公共団体の長が担う職務（地教行法第23条）

前二条の規定にかかわらず、地方公共団体は、前条各号に掲げるもののほか、条例の定めるところにより、当該地方公共団体の長が、次の各号に掲げる教育に関する事務のいずれか又は全てを管理し、及び執行することとすることができる。 　一　スポーツに関すること（学校における体育に関することを除く。）。 　二　文化に関すること（文化財の保護に関することを除く。）。 2　地方公共団体の議会は、前項の条例の制定又は改廃の議決をする前に、当該地方公共団体の教育委員会の意見を聴かなければならない。

第4節　教育委員会の組織

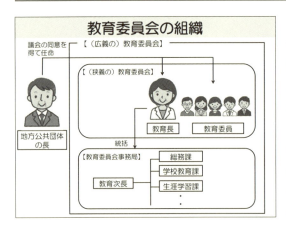

　教育委員会の組織は、①教育長と教育委員で構成される「教育委員会」と、②教育委員会事務局、以上の二つで構成される。教育長と教育委員で構成される「教育委員会」を、ここでは便宜的に「(狭義の) 教育委員会」と呼ぶ。

　第一の「(狭義の) 教育委員会」は、前節で紹介した教育委員会の職務権限に基づく事項に関する施策や計画について合議・議決するという重要な役割を持つ（地教行法第14条）。第二の教育委員会事務局は、教育長の統括の下、「(狭義の) 教育委員会」が合議・議決した内容に即して事務を処理するという役割を持つ（地教行法第17条）。

1. (狭義の) 教育委員会

(1)　教育長

　教育長は、「(狭義の) 教育委員会」のメンバーで構成する教育委員会議を招集すること（地教行法第14条）、その会務を総理すること、教育委

員会を代表すること、教
育委員会事務局を統括す
ること（地教行法第13
条第1項）、というよう
に教育委員会にあって施
策の企画・立案からその
執行までに至る過程の責
任者として非常に重要な
役割を持つ。

教育長の選任は、当該

教育長と教育委員 ※地教行法の規定

	教育長	教育委員
定員	1名（第3条）	原則4名以上（第3条）
任命	地方公共団体の長が、議会の同意を得て任命（第4条①）	地方公共団体の長が、議会の同意を得て任命（第4条②）
任命される条件	・当該地方公共団体の被選挙権を有する（都道府県の場合30歳以上、市町村の場合25歳以上）（第4条①） ・人格が高潔で、教育行政に関し識見を有する（〃）	・当該地方公共団体の被選挙権を有する（都道府県の場合30歳以上、市町村の場合25歳以上）（第4条②） ・人格が高潔で、教育、学術及び文化に関し識見を有する（〃）
任期	3年（第5条①）	4年（第5条①）
常勤/非常勤	常勤（第5条④）	非常勤
服務規定	・守秘義務（第11条①） ・職務に専念する義務（第11条⑤） ・政治的活動の制限（第11条⑦） ・営利企業等の従事制限（第11条⑦） ・責任の自覚（第11条⑧）	・守秘義務（第11条①） ・政治的活動の制限（第11条⑥） ・責任の自覚（第11条⑧）
役割規定	・教育委員会の会務を総理（第13条第1項） ・教育委員会を代表（〃） ・教育委員会事務局を統括（〃） ・教育委員会議を招集（第14条①）	・教育長に事故ある時、教育長の職務を行う（第13条②、第14条）

地方公共団体の被選挙権を有する者（都道府県教育長の場合満30歳以上、
市町村教育長の場合満25歳以上）で「人格が高潔で、教育行政に関し識
見を有するもののうちから、地方公共団体の長が、議会の同意を得て、任
命する」（地教行法第4条第1項）。任期は3年である（地教行法第5条
第1項）。

なお、教育長は教育行政上、非常に重要な役割を果たすため、行政法規
や組織マネジメントについての識見を資質として持つことが求められる職
であるというのが、文部科学省の見解である。

(2) 教育委員

教育委員は教育長の求めに応じてともに「（狭義の）教育委員会」を構
成し、後述の教育委員会議の主体となる。教育委員はおおむね4人である
（地教行法第3条）。

教育委員は「人格が高潔で、教育、学術及び文化に関し識見を有するも
ののうちから、地方公共団体の長が、議会の同意を経て、任命する」（地
教行法第4条第2項）。任期は4年である（地教行法第5条第1項）。ま
た選任にあっては、各委員の所属する政党が一つに偏ることがないように
すること、年齢、性別、職業などに著しい偏りを生じないように配慮する
こと、保護者を含むように任命することという条件も付け加わる（地教行
法第4条第4項・第5項）。

059

(3) 教育委員会議

　教育委員会議は、教育長と教育委員で構成される（地教行法第 14 条第
3 項）。おおよそ、月 1 回程度の頻度で開催される。当該地方公共団体に
おける教育の施策や計画に関して合議・議決をする、地方教育行政の方向
性を左右する重要な場である。この会議は教育長が招集する（地教行法第
14 条第 1 項）。議決は出席者の過半数で決するが、可否同数の場合は、教
育長の決定をもって議決する（地教行法第 14 条第 4 項）。また、教育委
員会議は公開することが原則であり、議事録も公開するよう努めなければ
ならない（地教行法第 14 条第 7 項・第 9 項）。

2. 教育委員会事務局

(1) 事務局の組織

　教育委員会の職務権限に属する事務の執行は、教育長の統括の下、事務
局が行う（地教行法第 17 条第 1 項）。事務局組織の具体については法令
による規定はなく、各地方公共団体の裁量に委ねられている（地教行法第
17 条第 2 項）。

　実態としては、教育長の下に教育次長（地方公共団体によって名称は異
なる）が配置されることが多い。その下に総務課、教育機関に対する指導
を担当する課、生涯学習担当の課などを設けている。都道府県教育委員会
には、教職員を管理する教職員人事の担当の課も設けられている。

　都道府県教育委員会には、教育機関や教職員に対する指導の便宜を図る
ため、出先機関として地方教育事務所を設置しているところも多い。また、
教育センターを設置し、教育指導の研究の充実を図っている。

(2) 指導主事

　主事や主任は、組織において特定の事務に携わる職にある者の職名であ
る。ただ、教育行政は、地域の教育施策の決定、学校の教職員に対する「指
導」、教育課程の管理、学校の管理、教職員の管理・人事など、事務遂行
にあって教育の専門性を有することが必要な職務も多い。指導主事は教育
専門性を持ち、そうした指導や事務に従事する職である。

　指導主事には、その職務を遂行するため教育に関する識見を有し、教養

と経験があるものを選任する必要がある。そのため、公立学校（大学以外）の教員を登用する（地教行法第18条第4項）。なお、指導主事は、都道府県教育委員会においては必置、市町村にはこれに準じる形で設置することになっている（地教行法第18条第1項・第2項）。

事務局職員の規定

- 指導主事ほか
  - ➤ 地教行法第18条
    都道府県に置かれる教育委員会の事務局に、指導主事、事務職員及び技術職員を置くほか、所要の職員を置く。
  - 2 市町村に置かれる教育委員会の事務局に、前項の規定に準じて指導主事その他の職員を置く。
  - 3 指導主事は、上司の命を受け、学校における教育課程、学習指導その他学校教育に関する専門的事項の指導に関する事務に従事する。
  - 4 指導主事は、教育に関し識見を有し、かつ、学校における教育課程、学習指導その他学校教育に関する専門的事項について教養と経験がある者でなければならない。指導主事は、大学以外の公立学校の教員をもって充てることができる。
- 社会教育主事ほか
  - ➤ 社会教育法第9条の2
    都道府県及び市町村の教育委員会の事務局に、社会教育主事を置く。
  - 2 都道府県及び市町村の教育委員会の事務局に、社会教育主事補を置くことができる。
  - ➤ 社会教育法第9条の3
    社会教育主事は、社会教育を行う者に専門的技術的な助言と指導を与える。ただし、命令や監督をしてはならない。
  - 2 社会教育主事は、学校が社会教育関係団体、地域住民その他の関係者の協力を得て教育活動を行う場合には、その求めに応じて、必要な助言を行うことができる。
  - 3 社会教育主事補は、社会教育主事の職務を助ける。

(3) 社会教育主事

　一般に社会教育とは、学校教育以外の、成人教育、地域における教育、青少年教育などと理解されている。いわゆる博物館、公民館、図書館などは社会教育機関である。社会教育主事は、社会教育を行う者や団体、機関に専門的・技術的な助言と指導を与える（命令、監督をしてはならない）ことを職務とする教育委員会事務局の職である。社会教育主事は教育委員会事務局に配置しなければならない。

(4) その他の専門職員

　教育委員会事務局に配置しなければならない職員としては、事務職員と技術職員がある（地教行法第18条第1項）。

　また、特に都道府県教育委員会の事務局には、教職員の人事を扱う管理主事が置かれることが多い。地域の特定の教育課題について専門的に扱う職員（例えば、同和教育について指導・管理する同和教育主事など）も置かれることがある。

3．地方公共団体の長の関与

　近年、地方教育行政に住民の教育意思を反映させることを重視する観点から、住民の代表者である地方公共団体の長を、地方教育行政において、

より積極的に位置付ける方向で法制度改正が行われた。その象徴が、「大綱」と「総合教育会議」である。これらを通じて、地方公共団体の長は教育委員会に関与する。

(1) 大綱の策定

「大綱」については、地教行法第1条の3第1項で、地方公共団体の長は、国が定めた教育振興基本計画を「参酌」した上、「その地域の実情に応じ、当該地方公共団体の教育、学術及び文化の振興に関する総合的な施策の大綱を定めるものとする」と規定している。

(2) 総合教育会議の主宰

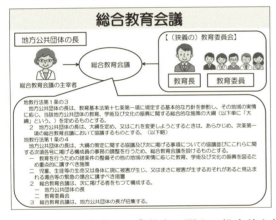

「大綱」は、地方公共団体の長の独断によって決定するものではない。地方公共団体の長と教育長・教育委員とが協議・調整することを経て定められる。そのための組織が「総合教育会議」である。

総合教育会議は地方公共団体の長が主宰する。

話し合われる内容は、①教育に関する総合的な施策の大綱に関することのほか、②地域の実情に応じた教育等の振興を図るために重点的に講ずべき施策に関すること、③児童、生徒等の生命または身体に現に被害が生じ、またはまさに被害が生ずるおそれがあると見込まれる場合等緊急の場合に講ずべき措置に関すること、以上の3点である（地教行法第1条の4）。

第5節　学校の管理運営

中央教育行政と地方教育行政に役割分担があるように、都道府県と市町村にも役割分担がある。

教育行政は、「設置者管理主義」「設置者経費負担主義」の考え方で進められる（学校教育法第5条）。特に公立義務教育諸学校の管理運営に限定すれば、その管理運営に当たるのは市町村である。こうした教育行政の原則を受け、国、都道府

国と地方の役割分担（例）

＜国＞

基本的な教育制度の枠組みの設定
- 学校教育法による学校教育制度の制定
- 地教行法による地方教育行政制度の制定
- 生涯学習振興法による生涯学習推進体制の整備

全国的な基準の設定
- 小・中・高等学校や幼稚園などの設置基準の設定
- 学習指導要領などの教育課程の基準の設定
- 教科書検定の実施
- 教員免許の基準の設定
- 学級編制と教職員定数の標準の設定
- 公民館等の設置・運営の基準の設定

教育条件整備のための支援
- 公立小中学校の教職員の給与費や学校施設の建設等に関する経費の国庫負担
- 教科書の無償給与

学校教育の適正な実施のための支援援助措置
- 教育内容や学校運営に関する指導・助言・援助
- 教職員の研修の実施・支援

＜都道府県＞

広域的な処理を必要とする教育事業の実施及び施設等機関の設置・運営
- 市町村立小・中学校の教職員の給与費の負担
- 市町村立小・中学校の教職員の任命

市町村における教育事業の適正な実施のための支援措置
- 教育内容や学校運営に関する指導・助言・援助

＜市町村＞

施設等機関の設置・運営
- 学校、図書館、博物館、公民館、体育館などの設置・運営、教育事業の実施

社会教育に関する各種学級・講座の開催、文化・スポーツ事業の実施

県、市町村の役割分担はおおよそ次のようになる。すなわち、国が示した法令や基準、地方教育行政に対して行う支援や援助を受けて、都道府県が広域的な処理を必要とする教育事業の実施および施設等機関の設置・運営を行い、あるいは市町村における教育事業の適正な実施のための支援措置を講じる。これを受け、市町村が施設等機関の設置や教育事業を実施する。中央と地方、あるいは都道府県と市町村はそれぞれ、重層的に絡み合って教育行政を展開しながら、かつ教育活動の多様性を生み出している。

　例えば、公立義務教育諸学校の設置は、国が定める学校設置基準に基づきながら、設置者である市町村の教育委員会が行う。校地、校舎、校具、理科室、家庭科室、コンピュータ室、視聴覚教室、防犯施設、運動場、学校図書館・図書室、保健室といった施設設備の設置・管理は、市町村教育委員会の役割である。一方で、国が定めた基準に基づいているため、学校の校舎や施設設備はどれも似通っていることが多い。例えば「片側廊下型」の校舎は全国的に見られる校舎の形である。他方で地域によっては基準を満たした上、オープンスペースや多目的ホールの設置、教科教室型など、特色が付加されている校舎もある。これらは、市町村教育委員会による地域の実情に応じた教育施策の結果である。

　学校で教えられる教育の内容については、多くの主体が関わっている。文部科学省が学校における教育内容の基準を学習指導要領として示す。この基準を下回らないように、各学校で教育課程が作成される。この教育課程の作成過程で、例えば県や市町村が示す教育振興基本計画や「目指す子

ども像」が参考にされたり、県や市町村の教育委員会から指導助言等を受けたりする。新しい学習指導要領に改訂されるたびに、指導主事から講習を受けたりもする。県や市町村の教育委員会から研究指定を受けることもある。最終的には保護者・地域住民の意見や、学校周辺の地域性を考慮しながら、学校は教育課程を作成する。その後、教育課程を市町村教育委員会へと報告し、指導助言等を受けることもある。こうした教育課程の作成過程からすれば、学校における教育課程は、学習指導要領を基盤としながらも、相当程度の多様性が生まれることになる。

　例えば、東京オリンピック・パラリンピック（2020年。実施は2021年）を念頭に東京都をはじめとする首都圏で独自の英語教育に関する施策が見られる。広島、長崎、沖縄は歴史的経緯から平和教育・平和学習に長く取り組んできた地域である。東日本大震災を教材として防災教育に取り組んでいる東北地方においても各県、各市町村で取り組みは多様である。岩手・宮城では津波に関する防災教育が行われ、福島では原子力に関する知識技能を高める教育が行われるなど県によっても差異があるし、内陸部地域なのか沿岸部地域なのかというように地域によっても差異が見いだせる。

　教育の機会均等や教育水準の維持向上の観点から、学校の管理運営は、法令や国が定めた基準に基づいて行っていく必要がある。しかし、実際の管理運営は各都道府県、各市町村で大なり小なり差異がある。子どもの学力やいじめ・不登校などの状況といった各地域の教育課題や問題、保護者・地域住民の教育意思、都市部なのか過疎地なのか、これらが混在しているのかなどの地域性などが各地域で異なっており、各教育委員会がそれらを踏まえて、教育委員会の判断で地域の実情に応じた教育を進めているからである。

▶ Question

☑ 教育行政の基本原理について三つ挙げ、それぞれについて法的根拠を示しながら説明しなさい。

☑ 教育委員会の組織について説明しなさい。併せて教育委員会で教育長が果たす役割について説明しなさい。

☑ 「一般行政からの独立」にもかかわらず、地方公共団体の長が地方教育行政への影響力が大きい理由を説明しなさい。

第5章
学校の財務マネジメント

▶ **Point**

- ☑ 教育費には公費と私費があり、世界水準から見ても日本の公費の水準は低く、私費の水準は高い現状にある。
- ☑ 日本の教育水準を維持するために、設置者負担主義の例外として義務教育費の大半を占める教職員給与費は国と都道府県が費用負担している。
- ☑ 学校裁量予算により、校長を中心とした学校マネジメントが可能となり、特色ある学校づくりができる。

第1節　学校の財務マネジメントとは何か

　本章のテーマは学校の財務マネジメントについて学ぶことである。学校の財務マネジメントとは、学校で使えるお金、つまり予算・財務の視点から学校を効果的に経営することを考えることである。学校で使えるお金(学校教育費)は、国や地方公共団体が負担（支払うこと）しており、国と地方公共団体が負担している学校教育費を公費という。学校は家庭や保護者からもお金を集めており、これを学校徴収金という。学校徴収金は、子どものワークシート購入や修学旅行費等に使われる。他には、給食費等も保護者が負担している。学校徴収金や給食費等、保護者が負担しているお金を私費という。

　本章では、学校の財務マネジメントとは何か、学校の財務マネジメントの基盤となる学校教育費とは何かについて学んでいく。教育費とは、教育に関わるお金のことである。本章では教育費について次の三つの点を学ぶ。一つ目は、教育費にはどのような種類があるのか。二つ目は、教育費の水準を維持するために国（文部科学省）や地方公共団体（都道府県教育委員会、市区町村教育委員会）がどのような役割分担をしているのか。三つ目

は、学校教育費をどのように運営しているのかである。

第2節　教育費とは何か

1. 日本の教育費—海外の事例との比較—

　図1は2019年度における日本の政府予算（国家予算）である。予算とは、一定期間の中でどの程度お金を使うのかという計画のことであり、支出とは実際に支払ったお金のことである。政府の支出と地方公共団体の支出を合わせて公財政支出という。図1から分かるように、日本の政府予算（都道府県や市区町村の予算は除く）の中で、第1位は社会保障費であり全体の3分の1を占めている。教育費は第4位である。図2は、文教及び科学振興費の予算である。これが日本の教育の国家予算である。図2から分かるように、文教予算の約3分の1が義務教育費国庫負担金である。

図1　日本（国）政府予算

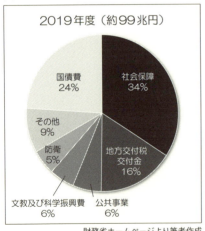

財務省ホームページより筆者作成

図2　文教及び科学振興費

文部科学省ホームページより筆者作成

　次の表1はGDP（国内総生産）における学校教育費の割合を各国で比較したものである。

表1　学校教育費対GDP費の現状（世界から見た日本の教育費水準）　（%）

	日本	韓国	アメリカ	イギリス	フィンランド	フランス	ドイツ	OECD平均
公費	3.2	4.6	4.2	4.8	5.6	4.8	3.7	4.4
私費	1.2	1.7	2.1	1.9	0.1	0.5	0.6	0.8

OECD、「Education at a Glace 2017」より一部抜粋（資料は2014年）

　日本全体での教育における公財政支出（3.2%）の水準は、OECD（経済協力開発機構）加盟国の中でも最低水準にある。一方、日本の私費負担の比率（1.2%）は平均以上である。日本は、私費負担があることで学校教育費が最低水準（3%台）から脱却している。

2．公教育費と私教育費―公費と私費をいかに運用するのか―

　教育費は費用負担者によって公教育費と私教育費に分けることができる。

　公教育費とは、国・都道府県・市区町村という公的機関が負担する教育に関する公財政支出のことである。公教育費は、学校教育費（学校にかかる費用）、社会教育費（公民館や図書館等の費用）、教育総務（行政）費（教育委員会の費用)に分けることができる。私教育費とは、学校教育に関わって保護者が負担する経費（私費）と塾や習い事等といった学校教育以外の学びの場での個人が負担する経費を指す。

　なぜ、教育費の負担は「公費」と「私費」があるのか。これは、①設置者負担主義と②受益者負担の原則という考え方から成り立つ。

(1)　設置者負担主義

　学校は設置者が管理し経費を負担する。この考え方を「設置者負担の原則」(学校教育法第5条)という。原則として学校に関わる経費は、市区町村立学校の場合は市区町村が、都道府県立学校の場合は都道府県が負担す

設置者負担主義と受益者負担の原則

- 「設置者負担主義」とは
  学校は設置者が管理し経費を負担する（学校教育法第5条）
  　市区町村立（公立の小中学校）→市区町村
  　都道府県立（公立の高等学校）→都道府県

- 「受益者負担の原則」とは
  利益を受ける子どもやその保護者が費用を支払う
  　⇒教育の効果（利益を受ける）
  　①直接効果（教育を受ける子ども自身）→私費負担
  　②間接効果（周りにも効果がある）→公費負担

る。しかし、全国の市区町村の中には財源が十分に確保できる市区町村と確保できない市区町村がある。

(2)　受益者負担の原則

　教育を受ける子ども自身に直接的な効果（利益）があるので、利益を受ける子どもやその保護者が教育の費用を負担することを「受益者負担の原則」という。一方で、子どもが教育を受けることは、国民の育成といった社会全体の利益にもつながる。教育を受ける子ども自身だけでなく周りにも影響があるとする間接効果（外部効果）として、「公」が教育を保障する必要がある。このような考え方から、学校教育費には公費と私費がある。

(3)　日本の教育費の課題―私費負担が多い―

　日本の学校教育費の特徴は、公費負担に比べて私費負担が多いことである。普通教育の機会均等はすべての国民の権利である（日本国憲法第26条）ことから、義務教育の授業料は無償、教科書は無償配布されている。高等学校教育では、世帯収入によって授業料に充てるための就学支援金が支給され、教育の機会均等を図ろうとしている。しかし、学校教育でかかる費用は授業料だけでなく、私費で購入している物品もある。また、就学前教育（幼稚園）や高等教育（大学）になると一層、私費負担の割合が高い現状がある。教育の利益は教育を受ける子どもにあることから、教育費は保護者が負担するという論理は成立する。しかし、学校教育の効果は国全体に及ぶものであり、私費負担が多いことは課題とされている。

　家庭によっては経済的状況などから学校教育に関わる私費を負担できない場合がある。日本では世帯収入（家庭の収入のこと）に応じた奨学金制度や要保護・準要保護制度が確立されている。要保護者は生活保護法第6条第2項に規定されている。準要保護者は要保護者に準ずる程度に困窮していると市区町村教育委員会が認めた場合に適用される。これらは、「経済的理由によつて、就学困難と認められる学齢児童又は学齢生徒の保護者に対しては、市町村は、必要な援助を与えなければならない」（学校教育法第19条）という考え方から支給される。表2は、要保護者の補助対象費目（内容）である。準要保護者への補助対象費目は要保護者に準ずる。

教育扶助とは、生活困窮者に対して義務教育を受けるために必要な費用を援助する生活保護のことである（高等学校への就学費は教育扶助ではなく生業扶助である）。教育扶助は学用品費（鉛筆やノート等を購入）、教育費（遠足や社会見学等に使用）、教材代（学校が指定する正規教材費）、通学用品費、学校給食費、学級費（学級費、生徒会費、PTA 会費）、学習支援費に使用できる。教育扶助を受給している者は、教育扶助として援助されていない費目が要保護者の補助対象となる。

表2　要保護者の補助対象費目

要保護者	被保護者	教育扶助受給者	修学旅行費、寄宿舎居住費、医療費、日本学校安全会共済掛金
		教育扶助を除くその他の扶助受給者	修学旅行費、寄宿舎居住費、医療費、日本学校安全会共済掛金 教科書費、学用品費、通学費、学校給食費

　このような制度を確立することで、日本では子どもの教育を受ける権利（学校教育を受ける権利）を保障している。

第3節　教職員にかかる経費

　公立小・中学校の教職員給与は、義務教育費全体（国と地方公共団体の予算を合わせた費用）の4分の3であり学校教育費の大半を占める。

1. 教職員給与の実態

　教職員にかかる経費（人件費）は、「給料表の値＋教職調整額（給料の4％で算定）＋義務教育等教員特別手当＋地域手当＝給与」として算出される。この他に給与には個人の属性による住居

教員の給与

給与＝給料＋教職調整額＋義務教育等教員特別手当＋地域手当

- **俸給・給料**：給料表により規定
- **教職調整額**：給料の4％
  　一時間外勤務手当の代用、給特法により規定
  （法律）公立義務教育諸学校等の教育職員の給与等に関する特別措置法（給特法）
- **義務教育等教員特別手当**：優秀な人材を確保
  （法律）学校教育の水準の維持向上のための義務教育諸学校の教職員人材確保に関する特別措置法（人材確保法）
- **地域手当**：地域の状況を勘案

　他には・・・住居手当、通勤手当、扶養手当等

手当、通勤手当、扶養手当等が付く。

(1) 給与モデル

　表3は、4年制大学を卒業してすぐに教員に採用された場合の東京都と茨城県の初任給の給与モデルである。地域手当は、民間の賃金水準を基礎に物価等を考慮して、人事院規則で定める地域に勤める職員に支給するものである。表3によると、給料月額は都道府県によって異なる。加えて、都道府県の給与の差は、地域の財政状況の悪化による給料削減から生じる場合（表3の⑤）もある。

表3　東京都と茨城県の初任給の例

	給料月額 ①	教職調整額 ② 給料月額×4%	義務教育等教員特別手当③	地域手当④	給料削減⑤	月額給与⑥
東京(23区)	195,600	7,824	5,120	32,548	195,600	241,092
茨城(水戸)	192,800	7,712	5,000	5,614	192,800	211,126
内訳	①	②=①×0.04	③	④=(①+②) ×地域手当	⑤＝① × カット率	⑥=②+③ +④+⑤

東京都および茨城県ホームページより筆者作成

(2) 教員の給料

　教員の月額給料の値は俸給表（給料表）（表4参照）によって定められている。給料表は各都道府県の人事委員会によって作成される。ここでの「級」は教諭、教頭、校長といった職務、「号給」は経験年数等により定められている。号給は経験年数が上がると増える仕組みとなっている。また、大学を卒業してすぐに正規教員として採用された場合と講師経験のある場合では最初の号給の基準に差がある。学歴や学歴以外の職歴（職歴、自営、無職期間等）といった経験とその経験年数に応じて、一定の基準により号給を加算し給料を調整している。給料表には、小・中学校と高等学校の教職員が同じ給料表である都道府県と、小・中学校と高等学校が別の給料表（給料表（1）（2））を設けている都道府県がある。

表4　大阪府教職員の俸給表（給料表）（一部抜粋）

標準職務	助教諭・講師	教諭	主幹教諭指導教諭	副校長・教頭	校長
職務の級	1級	2級	特2級	3級	4級
号給	給料月額	給料月額	給料月額	給料月額	給料月額
	円	円	円	円	円
1	150,900	166,700	272,100	388,700	445,700
2	152,400	168,800	274,700	390,500	446,700
3	153,900	170,900	277,300	392,300	447,700
4	155,400	173,100	280,100	394,000	448,900
5	157,100	175,100	282,600	395,600	449,900

「職員の給与に関する条例」一部加工

(3)　教職調整額と義務教育等教員特別手当

　「教職調整額」とは、教員の給料に4％を一律に上乗せした額のことを指す。教職調整額は、1971年に制定された「公立の義務教育諸学校等の教育職員の給与等に関する特別措置法（給特法）」に基づき支給される。一般行政職員（市役所の職員）の場合、通常の業務時間以外では時間外勤務手当が支給される。教員の仕事は会議や子どもへの対応、部活動の指導に加え教材研究があり、職務を時間によって区切ることができない「無境界性」という勤務形態の特殊性がある。加えて、職務内容についてもどこまでが教員の仕事なのか分かりにくいという特殊性があるので、時間外勤務手当の代わりに教職調整額が支払われている（教員には時間外勤務〈残業〉という考え方が当てはまらない）。

　一方、「義務教育等教員特別手当」は、1974年に「学校教育の水準の維持向上のための義務教育諸学校の教育職員の人材確保に関する特別措置法（人材確保法）」によって制定されたものである。これは、義務教育諸学校の教員に優秀な人材を確保し、義務教育水準の維持向上を図ることを目的として、教員の給料水準を上げるための手当である。

2.　教職員にかかる経費の負担主体

　「設置者負担主義」の原則にのっとると、市区町村立の義務教育諸学校の教職員の給与は設置者である市区町村が担うことになる。しかし、人件費は額が大きいため、市区町村が給与負担することは財政規模によって教

員の給料を負担できず、地方公共団体によって給与額に大きな差（「格差」）を生む可能性がある。そこで、市区町村間で教職員の給与格差が生じないよう、優秀な教職員を安定的に確保するため、国と都道府県が教職員の給与を負担している。このような義務教育諸学校の教職員を県費負担教職員という。

　もともと市区町村立の義務教育諸学校の教職員給与は「市町村立学校職員給与負担法」により全額都道府県が負担する予定であった。市区町村より規模が大きい都道府県が広域人事を行うことで適正な教職員配置が可能となり、教育の機会均等を図ることが意図されていた。しかし、都道府県の財政力の差によっても給与に格差が生じる可能性があることから、国が教職員給与実支出額の3分の1を負担することとなった。これを「義務教育費国庫負担制度」という。国が県費負担教職員の給与を負担する理論的根拠としては、義務教育費国庫負担法第1条に「義務教育無償の原則に則り、国民のすべてに対しその妥当な規模と内容とを保障するため、国が必要な経費を負担することにより、教育の機会均等とその水準の維持向上とを図ることを目的」とするとある。

　このように市区町村立学校に勤務する義務教育諸学校の教職員は任命と給与負担は都道府県によってなされている（表5）（政令指定都市の場合、任命権と給与負担は政令指定都市が行っている）。

表5　県費負担教職員に関わる法律

任命	都道府県教育委員会	地方教育行政の組織及び運営に関する法律（以下、地教行法）第37条「市町村立学校職員給与負担法第1条及び第2条に規定する職員（以下「県費負担教職員」という。）の任命権は、都道府県委員会に属する」
給与負担	都道府県 国	市町村立学校職員給与負担法第1条 義務教育費国庫負担法
服務監督	市町村教育委員会	地教行法第43条「市町村教育委員会は、県費負担教職員の服務を監督する」

　県費負担教職員の定数（人数）は、「公立義務教育諸学校の学級編制及び教職員定数の標準に関する法律（義務標準法）」（義務教育水準の維持向上のため、学級規模や教職員配置の適正化を図ることを目指し、学級編制や教職員定数の標準について定めている）によって定められている。県費負担教職員の定数は都道府県の条例で定められ、市区町村別・学校種別の

定数は、学校の事情を総合的に勘案して定めている（市町村立学校職員給与負担法第1〜3条）。

一方、公立高等学校の教職員の給与負担は全額都道府県である。これは、市区町村立の高等学校の場合も「市町村立学校職員給与負担法」第2

義務教育費国庫負担制度

①県費負担教職員
→市区町村立学校に勤務するが都道府県が給与負担する義務教育段階の教職員のこと。任命権も都道府県。
　※政令指定都市は単独。
　※「設置者負担主義」の例外。
　※優秀な教職員の安定的確保と広域人事。
　※「義務標準法」：学級数や教職員配置を決定
　法律）市町村立学校職員給与負担（第1条）、義務標準法

②義務教育費国庫負担法
→県費負担教職員の給与の1/3を国が負担。
　※国が必要な経費を負担すること
　→教育の均等の維持と教育水準の維持
　法律）義務教育費国庫負担法

条に、都道府県が定める高等学校等教職員定数に基づき配置される職員については、その給与や報酬を都道府県が負担するとある。

また、公立の義務教育諸学校には、県費負担教職員ではない教職員も多数存在する。例えば、臨時の非常勤教員や嘱託職員、給食調理員や用務員は、原則、任命権者である市区町村が給与負担している。

第4節　学校運営経費の実態

1. 学校に必要な経費

学校運営には多くの経費がかかる。学校運営経費（学校教育費）は、公費と私費に分けることができる。市区町村立の小・中学校に関わる公費は、国・都道府県レベルでの学校教育予算の運用、市区町村レベルでの学校教育費の予算管理（学校のお金の使い方を管理）、学校内部での予算運用（学校でどのようにお金を使うのか）の3層構造として捉えることができる。

小学校にかかる経費のことを小学校費、中学校にかかる経費のことを中学校費という。小・中学校費は、経常的経費で通常の学校運営費である「学校管理（運営）費」（学校医等の報酬・施設備品費・学校施設維持管理費・学校需用費等）と重点施策の経費である「教育振興費」（学校の特色づくりのための経費）という費目に分類することができる。その中から、需用費（紙やチョークといった消耗品費、理科の人体模型、パソコンや黒板と

いった備品費、印刷製本費など）や報酬などに使用できる。

表6　学校で執行する予算の例

	事業名	節	細節	内　容
学校管理型予算	管理運営費	需用費	食糧費	お茶代、学校行事に要する賄費、来客用弁当
			印刷製本費	コピーカウンター代、各種帳票印刷代、現像代
			消耗品費	定期刊行物購読料、書籍購入、事務用消耗品、施設用消耗品、教材等消耗品、教職用消耗品、トイレットペーパー、保健用消耗品
			光熱水費	ガス・水道代
			飼料費	餌代、肥料代
			修繕費	教材教具・ＡＶ機器等の修繕、車両修繕、施設修繕（ガラス）
			医薬材料費	保健室用医薬品等
		役務費	手数料	ピアノ調律等、樹木管理、包丁刃研ぎ、家電リサイクル料、洗濯代、図書装備代
			通信運搬費	切手代、小包代、電話代
			翻訳筆耕料	卒業証書筆耕料
		使用料及び賃借料	車借上料	急患タクシー代、レンタカー借り上げ
			機器等借上料	入学・卒業式植木借り上げ等
		原材料費		砂・土地、資材
		備品購入費		備品（時計、消火器）
		負担金補助交付金	各種研修会費	各種研修会等参加者負担金
			報償費	謝金（外部講師、指導補助者）、見舞金
			旅費	市職員出張旅費
	教材整備費	需用費	消耗品費	学校教育活動に必要な消耗品（給食関係を除く）
		備品購入費		教材備品（望遠鏡、顕微鏡、人体模型）
	施設改修費	需用費	修繕料	学校施設関係（運動場）の修繕
		役務費	手数料	樹木剪定・校舎清掃等
		原材料費		土砂、木材等
獲得型予算	マネジメント支援経費	備品購入費		備品（電子黒板、パソコン）
	研究指定校費	報償費		講師謝金
		需用費	消耗品費	研究指定に必要な消耗品費（資料印刷代）

　表6は学校で執行する予算の例である。各名称や内訳、児童生徒1人当たりの教育費の値、経費の使途は市区町村によって異なる。つまり、全国の小・中学校の予算は、学校運営経費の使用できる中身（購入できるモノ）や使用方法（執行の仕方）が完全に一致しているわけではない。多くの市区町村では、「学校の標準的運営経費」として、児童生徒数や学級数

等を基に予算額を計算して各学校に予算を配当している。校長は教育委員会が定めたガイドラインに沿って、予算の配分額に合った予算編成を行っている。

2. 学校運営経費の負担主体

　公立の小・中学校の学校運営経費の負担主体は市区町村である。全国の市区町村では財政力が異なり、教育財源が十分に確保できる地方公共団体と確保できない地方公共団体が存在する。しかし、教育の機会均等を考えると、財政力の違いによって地方公共団体ごとに小・中学校の教育条件が異なることは望ましくない。そこで、教育予算の中でも大きな割合を占めている教職員給与については都道府県および国が負担している（第3節）。このことにより、設置者である市区町村に小・中学校の教育費に関する裁量を委ねる一方で、義務教育の最低水準を維持している。

　また、学校運営経費は公費だけに委ねられているわけではなく、保護者が負担する「私費」も使用される。学校は、学校教育活動に必要な経費として保護者から徴収・執行している。学級費（教材購入費）、実験実習費、修学旅行費、卒業文集費、PTA会費等に使用される。私費負担の内訳や金額については市区町村の規定により学校で異なる。一般的に修学旅行費や給食費（材料代）、ワークブックといった副教材費が私費負担である。一方で、直接教育活動費（直接教育に関わるお金）の中でも、学級や学校に共有・備え付けのものや指導に関するものは公費負担である。給食費では、材料代は私費、それ以外の光熱水費や給食調理員の人件費は公費で賄われている。

　このように学校運営経費は、国・都道府県・市区町村の経費（公費）と保護者負担の経費（私費）によって構成されている。基準は市区町村の

学校財務

＜公費＞→国・都道府県・市区町村が負担。
※基準は地方公共団体毎に異なる。（議会・条例）
→地方公共団体の財政力の差により「格差」の懸念。

　　例）学校管理費（施設設備費、学校需用費＜紙・チョーク、パソコン＞）
　　　　教育振興費（学校の特色づくりのための経費）
　　　　※給食を作る人の人件費

＜私費＞→保護者が負担。
※基準は地方公共団体毎に異なる。
→家庭の実情に合わせた対応：奨学金制度、要保護
　　例）学級費、実験実習費、修学旅行費　→「学校徴収金」

条例によって定められている。

3. 学校の財務マネジメント―学校裁量予算の活用―

　地方分権改革は地方の現状に合わせた教育を可能とした。教育費の地方分権では、校長の判断で執行できる学校裁量予算が拡大した。その結果、校長を中心に学校が課題やニーズに合わせた効率的な学校運営を行えるようになった。地方分権化の中で、教育費においても地方公共団体や学校の裁量が拡大することは、地域の課題やニーズに合った地域独自の教育ができることを意味する。

　学校裁量予算制度が導入され、特色ある学校運営をできるようにするため、予算執行に関する校長の裁量権を今まで以上に拡大する地方公共団体も存在している。例えば、校長が物品等の購入に際し業者と契約ができる「支出負担行為」や、地方公共団体の会計管理者に対し校長が業者への支払いを命じることができる「支出命令権」がある。学校財務に関する権限を校長が持つことによって、学校で必要な物品を購入する際に、これまでは教育委員会を通して購入を行っていたものを、校長の裁量で予算執行することが可能となり、何に使うのかといった予算の使途を学校裁量で考えられるようになった。市区町村教育委員会から機械的に配当された学校予算を運用するにとどまっていた時は、学校の実態に即した運用に支障が生じることもあった。校長の学校予算に関する権限が拡大したことから、学校現場での判断による自主的・自律的な学校経営がより可能となった。

これらの学校裁量予算制度は、予算の分配における裁量を拡大しただけでなく、学校独自のカリキュラムづくりや学校運営の独自性に深く関わっている。例えば、1年間の予算案を立てる際に教職員間で話し合いを行い、予算に基づいたカリキュ

学校の財務マネジメント

＜学校裁量予算が拡大＞

（背景）地方分権化
　　市町村教育委員会→学校への予算権限委譲
　→学校の実情に合わせた学校マネジメント。
　→校長がリーダーシップを発揮した学校経営

※予算の学校（校長）への権限委譲
　　例）支出負担行為（物品購入で業者と契約可能）
　　　　支出命令権（業者への支払いを命じること可）

ラムや学校経営計画を立てることもできる。学校で使用できる予算の拡大に伴い、学校独自の運営方法が校長を通してできることから、特色ある学校づくりができるようになった。

　一方で、地域独自の教育ができることは地域格差を生じる可能性を残している。とりわけ義務教育において格差が問題として捉えられるのは、教育における平等に焦点があるからである。義務教育はこれまで、全国どこでも同一水準の教育を受けることができるという義務教育の維持確保と地域格差是正を目指していた。地域独自の教育はそうした目的と矛盾してしまわないかという課題がある。

　また、今後さらなる日本の財政力の悪化により、教育費の安定的確保が難しくなる可能性もある。その際、地方公共団体の財政力によって教育費の水準に大きな差が生じる懸念がある。

Question

☑設置者負担主義と受益者負担主義について説明しなさい。なお、設置者負担主義については、根拠法についても明示しなさい。

☑義務教育費国庫負担法について説明しなさい。また、義務教育費国庫負担制度によるメリットとデメリットについて説明しなさい。

☑学校教育費における公費と私費について説明しなさい。また、学校運営経費の視点から私費で負担すべきものについて例を挙げなさい。

第6章

教育課程の法制度

Point

☑ 教育課程は、教育の目的や目標の達成のため、子どもの心身の発達や授業時数を踏まえて教育内容を総合的に組織した学校の教育計画である。

☑ 学習指導要領は教育課程の国家基準である。学校教育法や同法施行規則と合わせ、教育の目的や目標、教育内容や授業時数を規定している。

☑ 教科書検定制度と教科書使用義務により、教育の機会均等と全国的な教育水準の維持向上が実現される仕組みになっている。

第1節　教育課程に関する法制度

　教育課程とは、「学校教育の目的や目標を達成するために、教育の内容を児童の心身の発達に応じ、授業時数との関連において総合的に組織した各学校の教育計画」（小学校学習指導要領解説　総則編）である。そのため、教育課程に関する法制度は、「学校教育の目的や目標」は何か、それらを達成するために必要な「教育の内容」は何か、必要なツールや環境は何か、などを規定している。日本では特に、学校教育において教育の機会均等と全国的な教育水準の維持向上を重視していることから、教育課程に関しては、主に三つの領域で法制度が整備されてきた。

　一つは、教育の目的や

教育課程に関する法制度

「教育の機会均等」と
「全国的な教育水準の維持向上」
　　　　　　の観点から法制度を整備

1. 学校教育の目的と目標

- 「義務教育の目的」を明記
　　　　　　（教育基本法第5条）
- 「義務教育の目標」を明記
　　　　　　（学校教育法第21条）
- 「学校種別の教育の目的と目標」を明記
　　　　（学校教育法第29条、第30条ほか）

目標に関する規定である。学校は何のためにあるのか、子どもにどのような力や態度の習得を望むのかなどを、教育基本法や学校教育法などに示している。二つ目は、教育内容に関する規定である。学校種に応じて、どんな内容を教えるのかを、学校教育法施行規則や学習指導要領などで示している。三つ目は、主たる教材である教科書に関する規定である。教科書とは何か、どのようにして教科書は作成されるのかなどを、学校教育法や義務教育諸学校の教科用図書の無償措置に関する法律などで示している。

1. 学校教育の目的と目標

　国民の教育を受ける権利は、日本国憲法（第 26 条）で保障された基本的人権の一つである。また、子どもの教育を受ける権利は、国籍の別にかかわらず、子どもの権利条約（第 28 条）で国際的に保障されている。教育を受ける権利を保障するために、教育基本法を頂点とする国内の教育法規では、教育委員会や学校、教員などに対してさまざまな義務や責任を課している。とりわけ義務教育については、教育基本法第 5 条の規定を受けて、義務教育の目標を学校教育法第 21 条に明記するとともに、学校種別に教育の目的と目標を規定し、何をしなければならないかを明確にしている。小学校教育の場合、児童に育むべき学力が学校教育法第 30 条第 2 項で明記されており、それらは「学力の三要素」（「基礎的な知識・技能の習得」「思考力・判断力・表現力等の育成」「主体的に学習に取り組む態度の育成」）として、小学校教育での学力観の基準となっている。

教育基本法

（義務教育）

第五条　国民は、その保護する子に、別に法律で定めるところにより、普通教育を受けさせる義務を負う。

2　義務教育として行われる普通教育は、各個人の有する能力を伸ばしつつ社会において自立的に生きる基礎を培い、また、国家及び社会の形成者として必要とされる基本的な資質を養うことを目的として行われるものとする。

3　国及び地方公共団体は、義務教育の機会を保障し、その水準を確保するため、適切な役割分担及び相互の協力の下、その実施に責任を負う。

4　国又は地方公共団体の設置する学校における義務教育については、授業料を徴収しない。

学校教育法

第二十一条　義務教育として行われる普通教育は、教育基本法第五条第二項に規定する目的を実現するため、次に掲げる目標を達成するよう行われるものとする。

一　学校内外における社会的活動を促進し、自主、自律及び協同の精神、規範意識、公正な判断力並びに公共の精神に基づき主体的に社会の形成に参画し、その発展に寄与する態度を養うこと。

二　学校内外における自然体験活動を促進し、生命及び自然を尊重する精神並びに環境の保全に寄与する態度を養うこと。

三　我が国と郷土の現状と歴史について、正しい理解に導き、伝統と文化を尊重し、それらをはぐくんできた我が国と郷土を愛する態度を養うとともに、進んで外国の文化の理解を通じて、他国を尊重し、国際社会の平和と発展に寄与する態度を養うこと。

四　家族と家庭の役割、生活に必要な衣、食、住、情報、産業その他の事項について基礎的な理解と技能を養うこと。

五　読書に親しませ、生活に必要な国語を正しく理解し、使用する基礎的な能力を養うこと。

六　生活に必要な数量的な関係を正しく理解し、処理する基礎的な能力を養うこと。

七　生活にかかわる自然現象について、観察及び実験を通じて、科学的に理解し、処理する基礎的な能力を養うこと。

八　健康、安全で幸福な生活のために必要な習慣を養うとともに、運動を通じて体力を養い、心身の調和的発達を図ること。

九　生活を明るく豊かにする音楽、美術、文芸その他の芸術について基礎的な理解と技能を養うこと。

十　職業についての基礎的な知識と技能、勤労を重んずる態度及び個性に応じて将来の進路を選択する能力を養うこと。

表1　学校種別の「教育の目的と目標」に関する規定（学校教育法）

幼稚園 目的 (第22条) 目標 (第23条)	小学校 目的 (第29条) 目標 (第30条)	中学校 目的 (第45条) 目標 (第46条)	義務教育学校 目的 (第49条の2) 目標 (第49条の3)	高等学校 目的 (第50条) 目標 (第51条)	中等教育学校 目的 (第63条) 目標 (第64条)	特別支援学校 目的 (第72条)

> **学校教育法**
>
> **第二十九条**　小学校は、心身の発達に応じて、義務教育として行われる普通教育のうち基礎的なものを施すことを目的とする。
>
> **第三十条**　小学校における教育は、前条に規定する目的を実現するために必要な程度において第二十一条各号に掲げる目標を達成するよう行われるものとする。
>
> 　2　前項の場合においては、生涯にわたり学習する基盤が培われるよう、基礎的な知識及び技能を習得させるとともに、これらを活用して課題を解決するために必要な思考力、判断力、表現力その他の能力をはぐくみ、主体的に学習に取り組む態度を養うことに、特に意を用いなければならない。

2. 教育内容に関する規定

　学校教育法で規定された学校種別の教育の目的と目標を達成するために、どんな教育内容が必要かについては、学校教育法施行規則と学習指導要領が相補的に規定している。学校教育法施行規則は、教育法規の体系に即して言うと、学校教育法（法律）の条文が包括的で抽象度がやや高いため、そこに規定された内容を、実際に行動に移せる程度にまで具体性を高めて規定したもの（省令）という位置付けになる。例えば、小学校教育の目的が「普通教育のうち基礎的なものを施すこと」（学校教育法第29条）と書かれていても、何を教えればそれが「基礎的なもの」となるのかが分からない。そこで、学校教育法第33条で、「小学校の教育課程に関する事項は、第29条及び第30条の規定に従い、文部科学大臣が定める」として、省令である学校教育法施行規則でその内容を具体的に規定している。学校教育法施行規則第50条では小学校の教育課程を編成するときの各教科・領域の規定が、同第51条では各学

教育課程に関する法制度

2. 教育内容に関する規定

学校教育法第33条　〔小学校教育の目的〕〔小学校教育の目標〕

　小学校の教育課程に関する事項は、第29条及び第30条の規定に従い、文部科学大臣が定める。

学校教育法施行規則第50条　〔学校教育法施行規則〕

　小学校の教育課程は、国語、社会、算数、理科、生活、音楽、図画工作、家庭、体育及び外国語の各教科、特別の教科である道徳、外国語活動、総合的な学習の時間並びに特別活動によって編成するものとする。

2　私立の小学校の教育課程を編成する場合は、前項の規定にかかわらず、宗教を加えることができる。この場合においては、宗教をもって前項の特別の教科である道徳に代えることができる。

教育課程とは

学校教育法施行規則
第50条、第52条

小学校の教育課程については、この節に定めるもののほか、**教育課程の基準として文部科学大臣が別に公示する小学校学習指導要領によるものとする。**

「学校教育の目的や目標を達成するために、教育の内容を児童の心身の発達に応じ、授業時数との関連において総合的に組織した各学校の教育計画」（小学校学習指導要領解説総則編）

学校教育法施行規則
第51条

小学校の各学年における各教科、特別の教科である道徳、外国語活動、総合的な学習の時間及び特別活動のそれぞれの授業時数並びに各学年におけるこれらの総授業時数は、別表第一に定める授業時数を標準とする。

年や教科等の総授業時数の規定があるが（中学校等は他条で規定）、国語で何を学ぶのか、第1学年で何を学ぶのかなどの詳細は、学習指導要領で規定している。学習指導要領は教育課程の国家基準として法的拘束力を持つため、その内容に従う必要がある。

　学習指導要領は表2のような構成になっている。学習指導要領は、社会の変化に応じて教育内容やその重点を一定周期で変更してきている。新学習指導要領は、小学校は2020年度から、中学校は2021年度から全面実施されたが、2017年3月にすでに新学習指導要領は公示されていたため、全面実施の時期を待たずに一部は前倒しして実施されてきた（これを移行措置という）。また、道徳については、2015年3月にすでに「特別の教科道徳」へと変更されており、2018年度から新学習指導要領に基づいて実施されている。

　なお、文部科学省は、義務教育における機会均等と教育水準の維持向上のために、全国的な児童生徒の学力や学習状況を把握・分析し、教育施策の成果と課題を検証し、その改善を図ることを目的として、2007年度から全国学力・学習状況調査を実施している。教育課程実施状況調査や学習指導要領実施状況調査も行ってきた。国際学力調査（OECD生徒の学習到達度調査；PISA、国際数学・理科教育動向調査；TIMSS）への参加も、児童生徒の学力実態の把握のために行っている。これらの調査を通じて、学習指導要領の下での児童生徒の学力実態を把握し、指導の改善に向けた施策検討の手掛かりを得ている。教育内容に関する法令上の規定は、こうした児童生徒の学力実態と時代や社会の変化に影響を受けている。

| 第6章 |

表2　新旧の小学校学習指導要領の構成

2008 年改訂版			2017 年改訂版		
			前文		
第1章 総則	第1　教育課程編成の一般方針 第2　内容等の取扱いに関する共通的事項 第3　授業時数等の取扱い 第4　指導計画の作成等に当たって配慮すべき事項		第1章 総則	**第1　小学校教育の基本と教育課程の役割** **第2　教育課程の編成** **第3　教育課程の実施と学習評価** **第4　児童の発達の支援** **第5　学校運営上の留意事項** **第6　道徳教育に関する配慮事項**	
第2章 各教科	第1節　国語 第2節　社会 第3節　算数 第4節　理科 第5節　生活 第6節　音楽 第7節　図画 　　　　工作 第8節　家庭 第9節　体育	第1目標 第2　各学年の目標及び内容 第3　指導計画の作成と内容の取扱い	第2章 各教科	第1節　国語 第2節　社会 第3節　算数 第4節　理科 第5節　生活 第6節　音楽 第7節　図画 　　　　工作 第8節　家庭 第9節　体育 第10節　外国語	第1目標 **【知識及び技能】** **【思考力、判断力、表現力等】** **【学びに向かう力、人間性等】** 第2各学年の目標及び内容 （外国語：**第2 各言語の** **目標及び内容等－英語、** **その他の外国語**） **【知識及び技能】** **【思考力、判断力、表現力等】** **【学びに向かう力、人間性等】** 第3 指導計画の作成と 　　内容の取扱い
第3章 道徳	第1　目標 第2　内容 第3　指導計画の作成と内容の取扱い		第3章 **特別の** **教科** 道徳	第1　目標 第2　内容 第3　指導計画の作成と内容の取扱い	
第4章 外国語 活動	第1　目標 第2　内容 第3　指導計画の作成と内容の取扱い		第4章 外国語 活動	第1　目標 第2　**各言語の目標及び内容等－英語** 第3　指導計画の作成と内容の取扱い	
第5章 総合的 な学習 の時間	第1　目標 第2　各学校において定める目標及び内容 第3　指導計画の作成と内容の取扱い		第5章 総合的 な学習 の時間	第1　目標 第2　各学校において定める目標及び内容 第3　指導計画の作成と内容の取扱い	
第6章 特別 活動	第1　目標 第2　各活動・学校行事の目標及び内容 第3　指導計画の作成と内容の取扱い		第6章 特別 活動	第1　目標 第2　各活動・学校行事の目標及び内容 第3　指導計画の作成と内容の取扱い	

※新旧での変更点は太字で記載

3. 教科書に関する規定

(1) 教科書使用義務

　教科書（教科用図書）とは、「小学校、中学校、義務教育学校、高等学校、中等教育学校及びこれらに準ずる学校において、教育課程の構成に応じて組織排列された教科の主たる教材として、教授の用に供せられる児童又は

生徒用図書」（教科書の発行に関する臨時措置法第2条第1項）である。現在、小学校、中学校、義務教育学校、高等学校、中等教育学校、特別支援学校で教科書として使用できるのは、「文部科学大臣の検定を経た教科用図書」（文部科学省検定済教科書）もしくは「文部科学省が著作の名義を有する教科用図書」（文部科学省著作教科書）に限られる。

　文部科学省検定済教科書は、民間の教科書発行者によって著作・編集される。現在発行されている教科書全体の約8割を占め、義務教育諸学校用の教科書はすべて文部科学省検定済教科書である（表3）。義務教育諸学校用の教科書の発行者は、義務教育諸学校の教科用図書の無償措置に関する法律によって、文部科学大臣の指定を受けた者に限定される（第18条）。義務教育諸学校では、教育を受ける権利を保障するために、すべての児童生徒に教科書が安定的に供給される必要があるからである。そのため、教科書の発行の種類と部数は、文部科学省から教科書発行者に指示される。

　一方で、文部科学省著作教科書は、文部科学省が自ら著作・編集した教科書である。高等学校の教科（農業、工業、水産、家庭、看護）の一部の教科書と特別支援学校用の教科書は需要数が少ないため、民間の教科書発行者による発行が期待できない。そのため、学習活動に支障が生じないよう、これらの教科書は文部科学省が著作・編集している。

　学校教育法では、教科書を使用して学習活動を行わなければならないと規定している（教科書使用義務）（小学校；第34条第1項、中学校；第49条、義務教育学校；第49条の8、高等学校；第62条、中等教育学校；第70条第1項、特別支援学校；第82条）。ただし、高等学校、中等教育学校の後期課程、特別支援学校や特別支援学級では、適切な教科書がないなどの特別な場合には、文部科学省検定済教科書や文部科学省著作教科書以外の教科用図書（一般図書）を使用することができる（附則第9条）。その際、児童の教育の充実を図るために必要がある場合（第34条第2項）や、視覚障害や発達障害などの児童の学習上の困難の程度を低減させる必要があると認められる場合（第34条第3項）には、いわゆるデジタル教科書の使用も認められている。また、いずれの学校でも、児童生徒の学習に有益適切と認められる場合は、教科書と併用して教科書以外の図書を使用してもよい（第34条第4項）。教科書は学習指導要領の内容を網羅す

表3　教科書の種類数、点数、需要数

（令和3年度用）

区　分	種類数（種）	点数（点）	需要数（冊）
小学校用教科書（文部科学省検定済教科書）	60	305	67,004,067
中学校用教科書（文部科学省検定済教科書）	69	145	34,796,204
高等学校用教科書			
第1部〔現行の学習指導要領に基づくもの〕（文部科学省検定済教科書）	695	727	29,424,432
〔現行の学習指導要領に基づくもの〕（文部科学省著作教科書）	53	56	101,406
小計（第1部）	748	783	29,525,838
第2部〔従来の学習指導要領に基づくもの〕（文部科学省検定済教科書）	7	7	1,082
小計（第2部）	7	7	1,082
第3部〔従前の学習指導要領に基づくもの〕（文部科学省検定済教科書）	3	4	396
小計（第3部）	3	4	396
計（第1部＋第2部＋第3部）	758	794	29,527,316
特別支援学校用教科書（文部科学省著作教科書）	22	308	83,105
合計	909	1,552	131,410,692

（注）
（1）種類数とは、教科・種目別に、例えば、小学校用国語教科書1年用から6年用までの1シリーズのものを1種と数えたものである。
（2）点数とは、種目別、学年別、巻別に、例えば、上・下巻2冊は2点と数えたものである。
（3）現行の学習指導要領とは、現行の高等学校学習指導要領（平成21年文部科学省告示第34号）を、従来の学習指導要領とは、従来の高等学校学習指導要領（平成11年文部省告示第58号）を、従前の学習指導要領とは、従前の高等学校学習指導要領（平成元年文部省告示第26号）を指す。

https://www.mext.go.jp/a_menu/shotou/kyoukasho/gaiyou/04060901/20210810-mxt_kouhou02-9.pdf

る形で著作・編集されているため、教科書使用義務を介することで、すべての児童生徒が学習指導要領で規定された内容を学ぶ機会が得られるようになっている。

(2)　教科書無償給与制度

　第2次世界大戦後、新しい教育制度が始まってしばらくの期間は、「義務教育は無償とする」（日本国憲法第26条第2項）にもかかわらず、教科書は無償ではなかった。しかし、義務教育諸学校については保護者に就学義務があり（教育基本法第5条）、また、学校での学習活動では教科書使用義務がある。つまり、義務教育の実施に教科書が不可欠なことから、授業料の無償制と併せて、教科書の無償給与が制度化されることになった。

教育課程に関する法制度

3. 教科書に関する規定

- **教科書使用義務**（学校教育法第34条、ほか）
  小学校においては、文部科学大臣の検定を経た教科用図書又は
  文部科学省が著作の名義を有する教科用図書を使用しなければならない。
  → 文部科学省 検定済 教科書
     文部科学省 著作 教科書

- **教科書無償給与制**
  義務教育諸学校の教科用図書の無償に関する法律（1962年）
  → 義務教育諸学校の教科用図書は無償とすることを規定したもの。
  義務教育諸学校の教科用図書の無償措置に関する法律（1963年）
  → 義務教育諸学校の教科用図書の無償給付や、
     教科用図書の採択・発行の制度について規定したもの。

教科書の無償給与は、「義務教育諸学校の教科用図書の無償に関する法律」（1962年）と義務教育諸学校の教科用図書の無償措置に関する法律（1963年）で規定されている。これらの法律の整備後、1969年度に小・中学校の全学年で無償給与が完了した。現在も、義務教育諸学校で使用される教科書は文部科学省が教科書発行者から購入し、学校設置者に対して無償で給付し、校長を通じてすべての児童生徒に無償で給与されている。

就学猶予や就学免除されている児童生徒にも、必要に応じ教科書は無償給与されている。例えば、病気等で長期間学校を欠席する場合、自宅や病院での学習用に必要であれば教科書は無償給与される。また、在外教育施設等で学ぶ日本人児童生徒に対しても、文部科学省は在外公館を通じて教科書を無償給与している。年度途中で出国する児童生徒にも、公益財団法人海外子女教育振興財団を通して無償給与している。就学義務のない外国籍家庭の児童生徒に対しても、教育を受ける権利や教育の機会均等の観点から、義務教育諸学校に在籍する場合は、教科書は無償給与されている。

第2節　教育課程に関する行政

教育の機会均等や教育水準の維持向上のために、教育課程に関する法制度は整備されてきた。しかし、法制度が作られただけで自動的にそれらが実現するわけではない。法制度が規定した事柄を「実行する」ことが重要である。法制度にのっとって物事を進め、ときに義務を課したり状況改善のために指導・助言を行ったりする国や地方公共団体の働きのことを「行政」という。教育課程に関する行政の中で、教育の機会均等と教育水準の維持向上に最も深く関わるのは、学習指導要領の改訂と教科書検定である。

1. 学習指導要領の改訂

　学習指導要領は教育課程の国家基準である。日本が GHQ の占領下にあってアメリカの教育の影響を強く受けていた 1947 年に、学習指導要領は「試案」の形で初めて日本の教育界に登場した。現在のように「告示」の形で法的拘束力を持つようになったのは、1958 年の改訂時からである。

　学習指導要領は教育課程の国家基準であるため、そこには、将来の日本社会の担い手をどのような人間に育てていくのかについての期待が反映されている。そこで、学習指導要領は、国内外の政治的、経済的、社会的情勢の変化を

教育課程に関する行政

1. 学習指導要領の改訂

学習指導要領：教育課程の国家基準
← 将来の日本社会の担い手の育成としての期待が反映

・国内外の政治的、経済的、社会的情勢の変化を受けて、約10年ごとに改訂
　例）2017年改訂版：外国語科の導入（小学校第5・6学年）
　　　「特別の教科 道徳」（2015年〜）

・改訂ごとに、示される指導内容の量や難易度は異なり、重点的に取り組む内容や目標も変化
　例）1998年改訂版：「生きる力」の育成
　　　2008年改訂版：「言語活動の充実」
　　　2017年改訂版：「主体的・対話的で深い学び」

受けて、これまで約 10 年周期で改訂を重ねてきた。改訂のたびに、示される指導内容の量や難易度は異なり、重点的に取り組む内容や目標も変化してきた（表 4）。例えば、1998 年改訂では「生きる力」の育成が、2008 年改訂では「言語活動の充実」が、2017 年改訂では「主体的・対話的で深い学び（アクティブ・ラーニング）」が重視されている。また、学習指導要領が持つ拘束力の程度も、改訂のたびに異なってきた。現在では、学習指導要領は教育課程編成上の「最低基準」とされている。これは、「学習指導要領に示している内容は、全ての児童に対して確実に指導しなければならないものであると同時に、児童の学習状況などその実態等に応じて必要がある場合には、各学校の判断により、学習指導要領に示していない内容を加えて指導することも可能である（学習指導要領の「基準性」）」という意味である。「…は取り扱わないこと」という取り扱う内容の範囲や程度を明確にするための記述（はどめ規定）も、原則として削除されている。これにより、学校や教員が創意工夫を生かした指導を行うことが期待されている。

表4 学習指導要領の内容・重点課題の変遷（主として小学校）

改訂年	特　　　徴
1947 年 （試案）	『学習指導要領一般編』（試案）※小学校・中学校　　※ 1947 年 4 月実施 『学習指導要領各教科編』（試案）※小学校・中学校 「新制高等学校の教科課程に関する件」※高等学校　1948 年 4 月実施 『保育要領－幼児教育の手びき－』（試案） ・「一般編」（1947 年）と「各教科編」（1947 ～ 1949 年）で刊行 ・各教科の授業時数の改善（授業時数の弾力化、1 単位時間の柔軟な運用）、生活単元学習 ・修身（公民）、日本歴史・地理を廃止し、社会科を新設 ・男女ともに家庭科を新設（小学校第 5・6 学年） ・自由研究の新設（小学校第 4 学年以降）
1951 年	・「教科課程」に代えて「教育課程」を用いる ・1947 年の学習指導要領の不備を補うために改訂 ・教科を四つの経験領域〈「学習の基礎となる教科」（国語、算数）、「社会や自然についての問題解決 を図る教科」（社会、理科）、「主として創造的な表現活動を行う教科」（音楽、図画工作、家庭）、「健 康の保持増進を図る教科」（体育）〉に分けて、授業時数を全時数に対する比率で示す ・国語で毛筆習字の学習を導入（小学校第 4・5・6 学年） ・自由研究の廃止 ・道徳教育と健康教育を、教科、教科以外の活動を含めたあらゆる機会を通じて行うこと ・経験主義や単元学習の色合いが強い
1958 年 （告示）	『小学校学習指導要領』（告示）※ 1961 年 4 月施行 『中学校学習指導要領』（告示）※ 1962 年 4 月施行 ・「試案」から「告示」に変わる（教育課程の国家基準として法的拘束力を持つようになる） ・「一般編」と「各教科編」を改め、一つにまとめる ・各教科の目標及び指導内容を精選し、基本的な事項の学習に重点を置く ・道徳の時間の新設 ・教育課程編成を 4 領域〈教科、特別教育活動、道徳、学校行事〉とする ・基礎学力の充実（国語と算数の授業時数の増加）、科学技術教育の向上（算数と理科の充実）、地理、 歴史教育の充実改善 ・系統学習を重視（小・中学校の教育の内容の一貫性を図る）
1960 年	『高等学校学習指導要領』（告示）※ 1963 年 4 月施行
1968 年	・「教育内容の現代化」（教科内容の増加、高度化） ・教育課程編成を 3 領域〈教科、特別活動（特別教育活動、学校行事）、道徳〉とする ・愛国心教育の強調
1977 年	・「ゆとり」の教育（各教科の内容および標準授業時数を削減、授業時数の運用に創意工夫可、「ゆとり」 の時間の新設） ・教育内容の精選（各教科等の基礎的・基本的事項の確実な習得を重視）、各教科等の目標や指導内 容を中核的事項にしぼる ・大綱化を進め、学校や教師の創意工夫の余地を拡大 ・道徳教育や体育を一層重視（知・徳・体の調和のとれた人間形成） ・中学校で選択教科を、高等学校で習熟度別学級編成を導入
1989 年	・「新しい学力観」（＝意欲・思考力・判断力・表現力の重視）、「自己教育力」 ・基礎的・基本的な内容の重視 ・個性を生かす教育、個に応じた指導の充実 ・体験学習や問題解決的な学習の重視（生涯学習の基礎の育成） ・生活科の新設（小学校第 1・2 学年、社会科・理科を統合） ・地理歴史科、公民科を新設（高等学校、社会科を廃止）、世界史を必修化（高等学校） ・日本の文化と伝統を尊重する態度の育成を重視、国際社会に生きる日本人としての資質の育成 ・国旗・国歌の指導の義務付け

1998 年	・「ゆとり」のある教育活動（教育内容の厳選、教育内容の 3 割削減、授業時数を週当たり 2 単位時間削減） ・「生きる力」の育成 ・基礎・基本の確実な定着 ・個性を生かす教育、個に応じた指導の充実 ・「総合的な学習の時間」の新設 ・外国語を必修化（中学校、高等学校） ・情報科の新設（高等学校）
2003 年	・学習指導要領一部改訂（学習指導要領に示していない内容を加えて指導できることを明確化、「はどめ規定」の見直し） ・学習指導要領を「最低基準」として位置付け ・各学校で「総合的な学習の時間」の目標と内容を定めるよう規定 ・「生きる力」「心の教育」「確かな学力」
2008 年	・教育基本法の改正の趣旨を踏まえた教育の充実 ・「はどめ規定」（詳細な事項は扱わないなどの規定）を原則削除 ・授業時数の増加（10％増） ・外国語活動の新設（小学校第 5・6 学年） ・学力の三要素を重視（「基礎的な知識・技能の習得」「思考力・判断力・表現力等の育成」「主体的に取り組む態度の育成」） ・言語活動の充実、理数教育の充実、道徳教育の充実 ・伝統や文化に関する教育の充実（中学校第 1・2 学年で武道を必修化） ・体験活動の充実（集団宿泊活動、自然体験活動、職場体験活動などを推進）
2015 年	・「道徳」（領域）を「特別の教科　道徳」に変更
2017 年	・「社会に開かれた教育課程」という考え方の明確化 ・カリキュラム・マネジメントの実現の重視 ・「主体的・対話的で深い学び」（アクティブ・ラーニング）の重視 ・小学校で「外国語科」を導入（第 5・6 学年）、「外国語活動」を中学年で導入（第 3・4 学年） ・情報活用能力（プログラミング教育を含む）の育成 ・「公共（仮称）」の新設（高等学校）※高等学校の教科・科目構成については大幅に変更あり ・「何ができるようになるか」の重視（「資質・能力の三つの柱」への転換→「知識及び技能」「思考力、判断力、表現力等」「学びに向かう力、人間性等」）

2. 教科書検定と教科書採択

(1) 教科書検定制度

　教員には教育方法上の創意工夫が認められているが、無条件の自由や裁量があるわけではない。教科書使用義務があることから、教科書に掲載されている内容を教える前提での創意工夫である。教科書は、学習指導要領に示された教科・科目等に応じて作成されている。つまり、教科書使用義務があることで、どこの学校でどの教員に教わっても、学習指導要領に基づいた教育を受けることができ、教育内容面で、ある程度の全国的な統一性が保てる仕組みになっている。教科書を媒介として、文部科学省は教育の機会均等と全国的な教育水準の維持向上を可能にしているのである。

　そのため、教科書の果たす役割は重く、ある図書が「教科書」と認められるためには厳しい審査を経る必要がある。この審査を教科書検定という。

教科書制度は国によって異なり、国定教科書制度の国、検定教科書制度の国、認定教科書制度の国などがあるが、第2次世界大戦後の日本は検定教科書制度を採っている。教科書検定は、ある図書が学習指導要領に照らして、小学校、中学校、義務教育学校、高等学校、中等教育学校などの学習活動で教科の主たる教材として使用するのに適切な内容かどうかを審査する。教科用図書検定規則や義務教育諸学校教科用図書検定基準、高等学校教科用図書検定基準にしたがって行われる。義務教育諸学校教科用図書検定基準は、「教科共通の条件」と「教科固有の条件」からなる。「教科共通の条件」は表5のような内容である。「教科固有の条件」は、教科および特別の教科ごとに、「基本的条件」「選択・扱い及び構成・排列」「正確性及び表記・表現」について条件が示されている。これらの条件の項目は、高等学校教科用図書検定基準もほぼ同様である。

　教科や学校種によって時期は異なるが、教科書検定はおよそ次のようなプロセスで行われる。まず、民間の教科書発行者が教科書としたい図書を著作・編集し検定申請する。文部科学省の教科書調査官や文部科学大臣の諮問機関である教科用図書検定調査審議会の委員等が、申請図書の内容について調査する。調査結果は教科用図書検定調査審議会に報告され審議される。審議会の答申に基づいて、文部科学大臣が検定結果として合否を決定する。合格したもののみが教科書としての使用を認められる。必要な修正を行った後に再度審査を行うことが適当と判断された場合には、検定意見は図書申請者（教科書発行者）に通知され、図書申請者は検定意見に従って修正を行う。修正された内容については再度、審議会で合否が審査され、文部科学大臣が最終的に合否の決定を行う。

(2) 教科書採択制度

　教科書は通常、一つの教科（種目）につき複数の教科書発行者から数種類発行される。これは、教科書の著作・編集は、学習指導要領の基準を逸脱しない限りで教科書発行者に創意工夫が認められているからである。数種類発行されている教科書の中から学校で使用する1種類を決定することを、教科書の採択という。義務教育諸学校の場合、教科書採択の方法は「義務教育諸学校の教科用図書の無償措置に関する法律」に規定されている。

| 第6章 |

表5 義務教育諸学校教科用図書検定基準「教科共通の条件」（抄）

1 基本的条件

（教育基本法及び学校教育法との関係）
　(1) 教育基本法第1条の教育の目的及び同法第2条に掲げる教育の目標に一致していること。また、同法第5条第2項の義務教育の目的及び学校教育法第21条に掲げる義務教育の目標並びに同法に定める各学校の目的及び教育の目標に一致していること。

（学習指導要領との関係）
　(2) 学習指導要領の総則や教科の目標に一致していること。
　(3) 小学校学習指導要領又は中学校学習指導要領に示す教科及び学年、分野又は言語の「目標」に従い、学習指導要領に示す学年、分野又は言語の「内容」及び「内容の取扱い」（「指導計画の作成と内容の取扱い」を含む。）に示す事項を不足なく取り上げていること。
　(4) 本文、問題、説明文、注、資料、作品、挿絵、写真、図など教科用図書の内容には、学習指導要領に示す目標、学習指導要領に示す内容及び学習指導要領に示す内容の取扱いに照らして不必要なものは取り上げていないこと。

（心身の発達段階への適応）
　(5) 図書の内容は、その使用される学年の児童又は生徒の心身の発達段階に適応しており、また、心身の健康や扱い及び健全な情操の育成について必要な配慮を欠いているところはないこと。

2 選択・扱い及び構成・排列

（学習指導要領との関係）
　(1) 図書の内容の選択及び扱いには、学習指導要領の総則、学習指導要領に示す目標、学習指導要領に示す内容及び学習指導要領に示す内容の取扱いに照らして不適切なところその他児童又は生徒が学習する上に支障を生ずるおそれのあるところはないこと。その際、知識及び技能の活用、思考力、判断力、表現力等及び学びに向かう力、人間性等の発揮により、資質・能力の育成に向けた児童又は生徒の主体的・対話的で深い学びの実現に資する学習及び指導ができるよう適切な配慮がなされていること。
　(2) 図書の内容に、学習指導要領に示す他の教科などの内容と矛盾するところはなく、話題や題材が他の教科などにわたる場合には、十分な配慮なく専門的な知識を扱っていないこと。
　(3) 学習指導要領の内容及び学習指導要領の内容の取扱いに示す事項が、学校教育法施行規則別表第1又は別表第2に定める授業時数に照らして図書の内容に適切に配分されていること。

（政治・宗教の扱い）
　(4) 政治や宗教の扱いは、教育基本法第14条（政治教育）及び第15条（宗教教育）の規定に照らして適切かつ公正であり、特定の政党や宗派又はその主義や信条に偏っていたり、それらを非難していたりするところはないこと。

（選択・扱いの公正）
　(5) 話題や題材の選択及び扱いは、児童又は生徒が学習内容を理解する上に支障を生ずるおそれがないよう、特定の事項、事象、分野などに偏ることなく、全体として調和がとれていること。
　(6) 図書の内容に、児童又は生徒が学習内容を理解する上に支障を生ずるおそれがないよう、特定の事柄を特別に強調し過ぎていたり、一面的な見解を十分な配慮なく取り上げていたりするところはないこと。

（特定の企業、個人、団体の扱い）
　(7) 図書の内容に、特定の営利企業、商品などの宣伝や非難になるおそれのあるところはないこと。
　(8) 図書の内容に、特定の個人、団体などについて、その活動に対する政治的又は宗教的な援助や助長となるおそれのあるところはなく、また、その権利や利益を侵害するおそれのあるところはないこと。

（引用資料）
　(略)

（構成・排列）
　(12) 図書の内容は、全体として系統的、発展的に構成されており、網羅的、羅列的になっているところはなく、その組織及び相互の関連は適切であること。
　(13) 図書の内容のうち、説明文、注、資料などは、主たる記述と適切に関連付けて扱われていること。
　(14) 実験、観察、実習、調べる活動などに関するものについては、児童又は生徒が自ら当該活動を行うことができるよう適切な配慮がされていること。

（発展的な学習内容）
　(15) 1の(4)にかかわらず、児童又は生徒の理解や習熟の程度に応じ、学習内容を確実に身に付けることができるよう、学習指導要領に示す内容及び学習指導要領に示す内容の取扱いに示す事項を超えた事項（「発展的な学習内容」）を取り上げることができること。
　(16) 発展的な学習内容を取り上げる場合には、学習指導要領に示す内容や学習指導要領に示す内容の取扱いに示す事項との適切な関連の下、学習指導要領の総則、学習指導要領に示す目標や学習指導要領に示す内容の趣旨を逸脱せず、児童又は生徒は生徒の負担過重とならないものし、その内容の選択及び扱いには、これらの趣旨に照らして不適切なところその他児童又は生徒が学習する上に支障を生ずるおそれのあるところはないこと。
　(17) 発展的な学習内容を取り上げる場合には、それ以外の内容と客観的に区別され、発展的な学習内容であることが明示されていること。その際、原則として当該内容を学習すべき学校種及び学年などの学習指導要領上の位置付けを明示すること。

教育課程に関する行政
2．教科書検定と教科書採択

- 教科書検定：民間の教科書発行者によって著作・編集された
  図書が、教科書として適切か否かを審査し、
  合格したものを「教科書」として使用すること
  を認めること。
- 教科書採択：数種類発行されている教科書の中から学校で
  使用する1種類を決定すること。
- 教科書の採択権限（義務教育諸学校の場合）：

  ※都道府県教育委員会が、市町村教委や校長に指導助言を行う。
  公立校の場合は、学校設置者（都道府県教委、市町村教委）
  国立校・私立校の場合は、校長
  （根拠法）「義務教育諸学校の教科用図書の無償措置に関する法律」
  　　　　　第10条、12条、13条

教科書は、政令で定める期間、毎年度、種目ごとに同一の教科書を採択する（第14条）。高等学校の場合、教科書採択に関する法令の規定はないが、公立学校の場合は、学校の実態に即し、学校設置者である市町村教育委員会や都道府県教育委員会が採択を行う。

　義務教育諸学校の教科書の採択権限は、公立学校の場合は、学校設置者である市町村教育委員会や都道府県教育委員会にある。しかしながら、採択に当たっては、市町村教育委員会は都道府県教育委員会から指導、助言、援助を受け（第10条）、また都道府県教育委員会は域内の市町村に「教科書採択地区」を設定し（第12条）、同一地区内の市町村教育委員会は同一の教科書を採択することになっている（第13条第5項）。そのため、同一地区内にある市町村教育委員会の間で採択したい教科書が異なる場合、採択権限の所在について議論が生じる場合もある。なお、国立や私立の学校の場合は、採択権限は校長にある。

義務教育諸学校の教科用図書の無償措置に関する法律

第十条　都道府県の教育委員会は、当該都道府県内の義務教育諸学校において使用する教科用図書の採択の適正な実施を図るため、義務教育諸学校において使用する教科用図書の研究に関し、計画し、及び実施するとともに、市（特別区を含む。）町村の教育委員会及び義務教育諸学校（公立の義務教育諸学校を除く。）の校長の行う採択に関する事務について、適切な指導、助言又は援助を行わなければならない。

第十二条　都道府県の教育委員会は、当該都道府県の区域について、市町村の区域又はこれらの区域を併せた地域に、教科用図書採択地区を設定しなければならない。

2・3　（略）

第十三条　都道府県内の義務教育諸学校（都道府県立の義務教育諸学校を除く。）に

おいて使用する教科用図書の採択は、第十条の規定によつて当該都道府県の教育委員会が行なう指導、助言又は援助により、種目（教科用図書の教科ごとに分類された単位をいう。）ごとに一種の教科用図書について行なうものとする。

2　都道府県立の義務教育諸学校において使用する教科用図書の採択は、あらかじめ選定審議会の意見をきいて、種目ごとに一種の教科用図書について行なうものとする。

3　公立の中学校で学校教育法第七十一条の規定により高等学校における教育と一貫した教育を施すもの及び公立の中等教育学校の前期課程において使用する教科用図書については、市町村の教育委員会又は都道府県の教育委員会は、前二項の規定にかかわらず、学校ごとに、種目ごとに一種の教科用図書の採択を行うものとする。

4　第一項の場合において、採択地区が二以上の市町村の区域を併せた地域であるときは、当該採択地区内の市町村の教育委員会は、協議により規約を定め、当該採択地区内の市町村立の小学校、中学校及び義務教育学校において使用する教科用図書の採択について協議を行うための協議会（採択地区協議会）を設けなければならない。

5　前項の場合において、当該採択地区内の市町村の教育委員会は、採択地区協議会における協議の結果に基づき、種目ごとに同一の教科用図書を採択しなければならない。

6　第一項から第三項まで及び前項の採択は、教科書の発行に関する臨時措置法第六条第一項の規定により文部科学大臣から送付される目録に登載された教科用図書のうちから行わなければならない。ただし、学校教育法附則第九条第一項に規定する教科用図書については、この限りでない。

Question

☑教育課程とは何か、説明しなさい。

☑教科書検定制度の意義を説明しなさい。

☑義務教育において、教育の機会均等と全国的な教育水準の維持向上を実現するために、教育課程に関する法制度がどのように整備されているかを説明しなさい。

第7章

教育課程のマネジメント

Point

- ☑ 教育課程の編成は各学校で行う。その基本要素は、学校の教育目標の設定、指導内容の組織、授業時数の配当の三つである。
- ☑ 新学習指導要領では「社会に開かれた教育課程」の考え方が導入され、教育課程の編成において、学校と家庭や地域との連携が重視されている。
- ☑ 新学習指導要領を契機にカリキュラム・マネジメントの考え方が導入され、教育活動の質の向上と学校の組織力の向上が同時に目指されている。

第1節 教育課程の編成

1.「教育課程を編成する」とは

　各学校で教育の目的と目標を達成するために不可欠なのが、教育課程である。教育課程とは、「学校教育の目的や目標を達成するために、教育の内容を児童の心身の発達に応じ、授業時数との関連において総合的に組織した各学校の教育計画」（小学校学習指導要領解説　総則編）である。教育課程の具体については、「小学校の教育課程に関する事項は、第29条及び第30条の規定に従い、文部科学大臣が定める」（学校教育法第33条。準用規定は、中学校が第48条、義務教育学校が第49条の7、高等学校が第52条、中等教育学校が第68条、特別支援学校が第77条）とあるように、学校教育法や学校教育法施行規則、学習指導要領などで規定されている。

　教育課程はこれらの法令に基づきながら、その編成は「各学校において」行うこととされている。

> 各学校においては、教育基本法及び学校教育法その他の法令並びにこの章以下に示すところに従い、児童の人間として調和のとれた育成を目指し、児童の心身の発達の段階や特性及び学校や地域の実態を十分考慮して、適切な教育課程を編成するものとし、これらに掲げる目標を達成するよう教育を行うものとする。
>
> （小学校学習指導要領総則）

教育課程の編成の基本要素は、①学校の教育目標の設定、②指導内容の組織、③授業時数の配当の三つであり、各学校において教育課程の編成をする際に、これら三つの要素で学校ごとに特色や差が生じることは許容されている。各学校では、教育基本法や学

教育課程の編成

教育課程とは

「学校教育の目的や目標①を達成するために、教育の内容②を児童の心身の発達に応じ、授業時数③との関連において総合的に組織した各学校の教育計画」（小学校学習指導要領解説　総則編）

〇教育課程の編成の基本要素

①学校の教育目標の設定
②指導内容の組織
③授業時数の配当

各学校で行う
↓
学校ごとに特色や差が出る

校教育法などで規定されている教育の目的や目標を踏まえた上で、学校や地域の実態に即した教育目標を設定する必要がある。また、学習指導要領に基づいて、児童生徒の心身の発達段階等を十分考慮して指導内容を組織する必要がある。授業時数も、学校教育法施行規則に規定されている各教科等の標準授業時数を踏まえて設定する必要がある。これらの作業は、各学校で校長を中心にして全教職員で共通理解を図りながら行う。

教育課程の編成は各学校において行うが、教育課程に関する事務の管理・執行は、学校設置者である所管の教育委員会が行う（「地方教育行政の組織及び運営に関する法律」第21条）。そのため、教育課程の管理運営の基本的事項は、教育委員会規則で定められている（同法第33条）。

2. 教育課程編成の工夫

(1) 学校の教育目標の設定

教育課程の編成の実際を見ると、基本要素ごとにその差はかなり大きい。

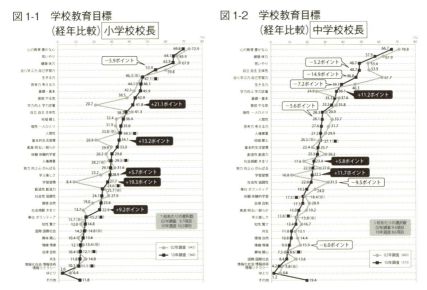

「学校教育目標・教育課程の現状」ベネッセ教育総合研究所『第5回学習指導基本調査（小学校・中学校版）[2010年]』pp.41-42

　例えば、学校の教育目標は学校によって内容に違いがある。図1-1と図1-2を見ると、2002年調査時と2010年調査時を比べてみて、小学校、中学校ともに、「心の教育　豊かな心」を教育目標に含む学校数は最も多いが、2010年調査時では、「学力向上　学力定着」や「学習習慣」を教育目標に含む学校数の増加が顕著なことが分かる。この背景には、「ゆとり」教育批判や2008年学習指導要領改訂により、学力向上とそれに向けた指導内容の増加が教育政策で示されたことが挙げられる。

(2)　指導内容の組織と授業時数の配当
　学校の教育目標が異なると、目標の実現に向けた指導内容の組織や授業時数の配当にも差が生じる。例えば、小学校の標準授業時数（表1）は、学校教育法施行規則別表第一で規定されているが（中学校は別表第二で規定）、それらはあくまでも「標準」であり、実態はかなり多様である。
　表2-1（※表中の標準授業時数は、2008年改訂学習指導要領のもの）に示したように、小学校の場合は、標準授業時数を超えて授業を行っている

（標準超過型）学校数は、近畿地区を除いてほぼ全国的にその地域の過半数を占めており、また、その地域の中で標準超過型の学校が占める割合も地域差が大きいことが分かる。さらに図2を見ると、小学校の場合、標準型（980時間）の学校と標準超過型（1066時間）の学校では、年間の授業時数の差は86時間もあることが分かる。

表1　小学校の標準授業時数

改正後（2017年3月31日）学校教育法施行規則　別表第一　　2020年4月1日施行

区分		第一学年	第二学年	第三学年	第四学年	第五学年	第六学年
各教科の授業時数	国語	306	315	245	245	175	175
	社会			70	90	100	105
	算数	136	175	175	175	175	175
	理科			90	105	105	105
	生活	102	105				
	音楽	68	70	60	60	50	50
	図画工作	68	70	60	60	50	50
	家庭					60	55
	体育	102	105	105	105	90	90
	外国語					70	70
特別の教科である道徳の授業時数		34	35	35	35	35	35
外国語活動の授業時数				35	35	35	35
総合的な学習の時間の授業時数				70	70	70	70
特別活動の授業時数		34	35	35	35	35	35
総授業時数		850	910	945 980	980 1015	980 1015	980 1015

　その一方で、中学校の場合は、表2-2に示したように、標準超過型の学校が地域内で占める割合は、最も多い北関東でも50.0%で、全国的には標準型での実施が過半数を占めていることが分かる。

　標準授業時数の1単位時間は、小学校は45分、中学校は50分で計算され（学校教育法施行規則別表第一・第二）、年間の授業週は、小学校、中学校ともに35週（小学校第1学年のみ34週）が想定されている（学習指導要領）。そのため、小学校の場合、標準授業時数が35時間というのは、週当たり1回（45分）の授業があるということである。しかしながら、授業時数の配当では、年間の標準授業時数が175時間の場合、実際には45分×175回分＝7875分の授業を行えばよいため、各学校で授

表2-1　年間総授業時数のタイプ
（地方別／10年調査）小学校校長

		（%）
		標準超過型	標準型
北海道	(29)	65.5	34.5
東北	(47)	87.2	12.8
北関東	(38)	84.2	13.2
南関東	(94)	58.5	38.3
中部	(91)	57.1	40.7
近畿	(74)	41.9	55.4
中国・四国	(61)	57.4	41.0
九州・沖縄	(81)	70.4	25.9

「学校教育目標・教育課程の現状」ベネッセ教育総合研究所
『第5回学習指導基本調査(小学校・中学校版)[2010年]』p.48

表2-2　年間総授業時数のタイプ
（地方別／10年調査）中学校校長

		（%）
		標準超過型	標準型
北海道	(32)	25.0	75.0
東北	(57)	36.8	59.6
北関東	(38)	50.0	50.0
南関東	(122)	20.5	78.7
中部	(100)	42.0	57.0
近畿	(73)	41.1	54.8
中国・四国	(59)	33.9	64.4
九州・沖縄	(68)	44.1	55.9

「学校教育目標・教育課程の現状」ベネッセ教育総合研究所
『第5回学習指導基本調査(小学校・中学校版)[2010年]』p.52

図2　教科・領域などの配当例（5年生／10年調査）

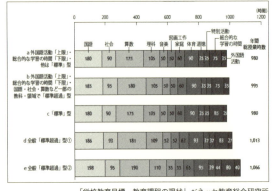

「学校教育目標・教育課程の現状」ベネッセ教育総合研究所
『第5回学習指導基本調査（小学校・中学校版）[2010年]』p.50

業時間割を組む際は、一つの授業を必ずしも45分で実施する必要はなく、15分と30分に分割したり、60分と30分、90分という組み合わせにしたりすることもできる。毎日の反復学習が必要だと判断すれば、1週間に45分の授業を1回実施するのではなく、15分の授業を3回行う形にすることができる。また、丁寧に指導するために授業時数を多くしたいと思えば、夏季や冬季等の長期休業期間を短くするなどして、35週を超えて授業週を設定することも可能である。このように授業時数の配当は、年間の総授業時数を守っていれば、各学校の教育目標や重点的に取り組みたい教育課題に応じて、柔軟に設定することが可能である。こうした工夫も、「各学校において」教育課程の編成ができることの利点である。

第2節　教育課程の編成から教育課程の経営へ

1.「社会に開かれた教育課程」への転換

　教育課程の編成は、単に、学習指導要領で規定された指導内容を、学校教育法施行規則で規定された授業時数の範囲内で実施するための計画づくりということではない。教育課程の編成では、各学校の教育目標の設定があって、その目標達成に向けて効果的な指導内容の組織と授業時数の配当を行う必要がある。つまり、教育課程の編成では、学校の教育目標の達成に向けた創意性と戦略性が求められる。しかし、実際には、「学校の教育目標の達成に向けて」のところが遠ざかり、学習指導要領で規定された指導内容を漏れなく教えるために授業時数をやりくりして時間割を組む、と

いう実態があり、それで教育活動も行えてきた。そのため、学校には、創意性や戦略性のある教育課程を編成する力は必要とされてこなかった。しかし、学習指導要領の大綱化が進み、特に2008年改訂の学習指導要領以降は、どの学校も似たような教育を行う「横並びの教育課程」ではなく、各学校が子どもや地域の実態を踏まえた特色ある教育課程の編成を行うことが求められている。とりわけ、学校評価や学校運営協議会の制度化以降、「自分たちの学校に今必要なものは何か」という観点から重点的に取り組むという意味で「特色」を強化していくことが求められている。国内外の学力調査の結果が公表されるたびに、学校の教育成果に対する保護者や世間の目も厳しくなってきており、"見栄え"の良い特色づくりではなく、各学校の実態に応じた学力保障への着実な取り組みへの社会的関心は高い。

　このような中で、自校の教育目標を設定し目標達成に向けて教育活動を組織していくという、教育課程の「経営」に関する力を高めていくことが各学校や教員に求められてきている。どのような学校をつくるか（＝学校の教育目標の設定）、どのように目標を達成するか、どのような資源を活用できるか、などの組み合わせによって教育課程は多様な姿になり得る。このように、教育課程を学校の教育目標の達成に向けて点検・評価し実施していくことを、教育課程の経営という。この教育課程の経営を重視する姿勢が、2017年改訂の学習指導要領では明確に示されている。小学校では2020年4月、中学校では2021年4月に全面実施された新学習指導要領では、「社会に開かれた教育課程」という考え方が新たに示されている。

> 教育課程を通して、これからの時代に求められる教育を実現していくためには、よりよい学校教育を通してよりよい社会を創るという理念を学校と社会とが共有し、それぞれの学校において、必要な学習内容をどのように学び、どのような資質・能力を身に付けられるようにするのかを教育課程において明確にしながら、社会との連携及び協働によりその実現を図っていくという、社会に開かれた教育課程の実現が重要となる。
>
> (小学校学習指導要領　前文)

　「社会に開かれた教育課程」では、目指すべき教育の在り方を家庭や地域と共有し、その連携と協働の下に教育活動を充実させていくため、各学校の教育目標を含めた教育課程の編成についての基本的な方針を、家庭や

地域とも共有していくことが重要だと考えられている。つまり、新学習指導要領では、教育課程の編成や実施は各学校の中で閉じられたものではなく、家庭や地域と相談しながら、学校の教育目標の設定と目標達成に向けた実行の過程を共有していくことが期待されているのである。

2. カリキュラム・マネジメントの要請

　「社会に開かれた教育課程」の考え方を実現していこうとすると、学校と家庭や地域との関係は、これまでとは三つの点で大きく変わってくる。一つ目は学校の教育目標の設定、二つ目は教育目標の達成に必要な人的・物的な資源の確保、三つ目は学校の教育活動の点検である。

　まず、学校の教育目標の設定では、そもそも何を目標として掲げるのかについて、教職員のみで決定しないことになる。かつて「横並びの教育課程」と言われたように、子どもや地域の実態が異なる学校同士でも似たような教育目標が設定され、あるいは、時代が変わっても同じ教育目標が設定され、「各学校において」教育課程を編成してはいても、そこにその学校の子どもの実態や地域性などが反映されていないケースが多数あった。しかし、「社会に開かれた教育課程」では、教育目標の設定に当たり、保護者や地域住民の教育への期待を考慮する必要がある。当然に、多様な意見やニーズが予想されるため、関係者が互いに納得し協力していける教育目標の設定に向けた信頼関係や協力関係を築いていく必要がある。

　次に、教職員と保護者や地域住民が信頼や協力の下に設定した教育目標があってこそ、その実現に向けて、学校と家庭や地域との連携が可能になる。教職員だけでは十分に担えない領域や費やせない時間を、保護者や地域住民と役割を分担することで補っていくという関係が期待されている。

　そして、学校と家庭と地域との連携・協力によって実施した教育活動が、目標達成につながったのかを点検することが不可欠となる。その場合に、仮に教職員の目から見れば達成できているように見えても、保護者の目から見れば十分達成できているようには見えないこともある。そのため、達成状況の評価も、"勘"や"希望"ではなく、各種の調査結果やデータ等に基づいて関係者が互いに納得する形で行っていく必要がある。評価が十分でなかった点は、今後の改善に向けた方針や方法等を検討し、互いの役

割分担も意識しながら組織的・計画的に取り組んでいく必要がある。

　このように、教育課程を編成してそれで終わりなのではなく、よりよい教育の実現に向けて、常に点検と改善を、学校だけでなく家庭や地域と協力して行うところに、「社会に開かれた教育課程」の考え方の特徴がある。そのため、従来よりも教育課程の「経営」の重要性が強調されるようになり、新学習指導要領では、新たに「カリキュラム・マネジメント」という用語が登場することになったのである。

第3節　カリキュラム・マネジメントの充実

1. 教育活動の質の向上

　新学習指導要領で、カリキュラム・マネジメントは次のように定義されている。

> 各学校においては、児童や学校、地域の実態を適切に把握し、教育の目的や目標の実現に必要な教育の内容等を教科等横断的な視点で組み立てていくこと①、教育課程の実施状況を評価してその改善を図っていくこと②、教育課程の実施に必要な人的又は物的な体制を確保するとともにその改善を図っていくこと③などを通して、教育課程に基づき組織的かつ計画的に各学校の教育活動の質の向上を図っていくこと
>
> 　　　　　　　　（小学校学習指導要領　総則）※下線部・丸数字は引用者が加筆

　カリキュラム・マネジメントはその過程に下線部①〜③の内容を含んでいるが、カリキュラム・マネジメントの考え方が新学習指導要領に導入された背景には、「主体的・対話的で深い学び（アクティブ・ラーニング）」を実現するために、教科・領域横断的な学びの実現が不可欠だと考えられたことがある。確かな学力の育成に向けて、「何ができるようになるか」を明確化（各教科や領域の目標や内容を、「知識及び技能」「思考力、判断力、表現力等」「学びに向かう力、人間性等」の三つで再整理）するとともに、「主体的・対話的で深い学び」の実現に向けた授業改善を求めている。こうした新学習指導要領のねらいは、個々の教科や領域が単独で、あるいは1単位時間の中で実現できるものではないと認識され、教科・領域横断

的に学びを充実させる必要があると考えられるようになったのである。そのための手段として重視されたのがカリキュラム・マネジメントである。アクティブ・ラーニングは授業改善のための、カリキュラム・マネジメントは組織運営改善のための鍵概念と位置付けられ、学校の教育活動の質の向上を図る上で連動させて機能させることが求められている。

　近年では、保幼小連携、小中連携・一貫教育、中高連携・一貫教育といった、校種の枠を超えて長期を見通した指導内容の接続や系統も重視されてきている。そのため、カリキュラム・マネジメントでは、学校と家庭や地域だけでなく、他校種との連携や交流も考慮すべき事柄となっている。

2. 学校の組織力の向上

　カリキュラム・マネジメントの考え方の導入により、教育課程の編成は学校評価と緊密な結び付きを持つことになる。子どもたちに育てたい資質・能力の確実な習得に向けて、教育課程の「改善」という過程を内包するからである。そのため、カリキュラム・マネジメントでは、効果的な目標達成に向けた教職員の適切な役割分担や相互の連携を不可欠としている。その上で、効果的な年間指導計画等の在り方や授業時間や週時程の在り方等について校内研修等を通じて研究を重ねていくことも重要であり、こうした取り組みが、学校の「特色」を創り上げていくと考えられている。

　従来、教育課程の編成という言葉が持っていた、計画的な教育活動の配列という意味を超えて、カリキュラム・マネジメントでは成果を重視する考え方が強調されている。すなわち、教育課程の実施において、子どもや学校や地域の実態把握、指導内容や時間の配分、各学校の教育目標の達成に向けた人的・物的体制の確保、教育課程の実施状況の点検・評価などを通して、教育活動の質の向上と学習の効果の最大化を図るのである。教育課程の編成においても、子どもの実態や発達段階は考慮されてきたが、それに加えてカリキュラム・マネジメントでは、学校規模、教職員の構成、教員の指導力の程度、教材・教具の整備状況、施設・設備の状況、地域住民との連携・協働の状況といった、学校ごとの人的・物的な体制も考慮する必要がある。こうした体制の整備を校長などの管理職のみが行うのではなく、すべての教職員が責任を持って行っていく必要がある。つまり、カ

リキュラム・マネジメントは、学校の組織力を高める観点から、学校の組織や運営についても見直しを迫るものとみなされている。

カリキュラム・マネジメントの確立に向けて、教員の指導力の向上が強く期待されているが、昨今の教員の多忙化を

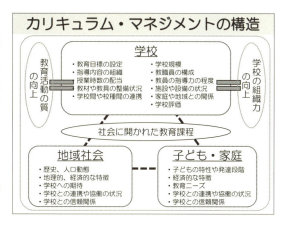

踏まえると、これらをただ願うだけではその実現は難しい。そこで、教員一人ひとりが授業改善を行ったり子どもと向き合う時間を確保したりして、力を発揮できるようにするために、文部科学省は指導環境の改善に向けた諸条件の整備を急速に進めている。例えば、教職員の業務の見直し（「働き方改革」）や部活動の運営の適正化（部活動指導員の導入）などによる業務の適正化を図ることや、学校図書館の充実やICT環境の整備など教材や教育環境の整備・充実、地域学校協働本部の制度化による学校支援体制の充実を図ることなどが行われている。このように、カリキュラム・マネジメントにより、教育課程の編成は、教科・領域横断的に編成するといった教育内容面の改善にとどまらず、学校の教育目標の達成に向けて教職員の力が発揮できるような指導体制面の改善までを含む、学校経営の中核的な営みへと変化しつつある。

Question

☑ 教育課程の編成の基本要素を三つ挙げ、それぞれの内容を説明しなさい。

☑ 「社会に開かれた教育課程」の考え方の特徴を、学校と家庭や地域との関係の観点から説明しなさい。

☑ カリキュラム・マネジメントが、「教育活動の質の向上」と「学校の組織力の向上」につながる理由を説明しなさい。

第8章

学校の組織マネジメント

Point

☑ 1990年代後半からの学校経営改革では、自律的な学校経営の実現を目指して、校長の裁量権限の拡大や学校の責任体制の明確化が意図された。

☑ 2015年頃からの学校経営改革では、教育の質の向上を目指して、学校と家庭と地域社会が役割分担し連携協力する関係の構築が意図された。

☑ 現在の学校経営を取り巻く環境は、より地域の特色を推進する方向の改革と、より国の関与を強化する方向の改革の二つの間で形成されている。

第1節　学校管理から学校組織マネジメントへ

学校経営とは、学校が自校の教育目標を設定し、目標達成に向けて教育課程を編成・実施する中で、人的・物的な諸資源を活用して諸活動を遂行・調整していく営みである。第2次世界大戦後から1990年代まで、日本の教育施策上は「学校経営」の語は用いられてこず、「学校管理」や「学校運営」の語が使用されてきた。その理由は、文部科学省（旧文部省）を頂点とする日本の中央集権的な教育行政構造の中で、その末端に位置付けられてきた学校には、自律性や裁量（つまり、独自に判断して実行したり、必要な諸資源を獲得してきたりする自由や権限）は与えられておらず、もっぱら法令や教育行政機関

学校を「経営」するとは？

学校経営	学校管理・学校運営
学校教育目標の達成に向けて諸資源を活用し、諸活動を遂行・調整する営み	法令や教育行政機関等の指導助言に基づいて、計画を実行したり調整したりする作業

⬇

学校組織マネジメント

学校教育目標の達成に向けて、**「効率的・効果的に」**諸資源を**調達**・活用し、諸活動を遂行・調整・**改善**する営み

等の指導助言に従って、逸脱のないように教育活動を営むことが求められてきたからである。それ故、学校の「管理」や「運営」であった。

　ところが、2000年代になり、それまでの学校管理や学校運営の語に加えて、教育施策上に「学校組織マネジメント」の語が登場してくるようになる。その契機になったのは、1998年9月に出された中央教育審議会（中教審）答申「今後の地方教育行政の在り方について」である。これにより、学校の教育成果の向上とそれに向けた学校組織の責任体制の明確化を目指した学校経営改革が一気に進むことになった。これ以降の一連の改革によって、"顧客"のニーズに応じた教育を各学校の判断で行うことが従前よりも可能になった。その変化を象徴的に表しているのが、学校組織マネジメントの語の登場である。学校組織マネジメントの語には、学校経営の語には含意されてこなかった、①効率的・効果的な組織目標の達成と、それに向けて、②経営の4資源（人・物・金・情報）の調達における組織の創意性や戦略性、というニュアンスが含まれる。

　1990年代後半以降の学校経営改革は、地方分権改革、教育基本法の改正、PISAショックという、主に三つの社会変化の影響を受けて、幾つかの段階を経て進められてきた。それぞれは別々の出来事であるが、同時期に進行したため、結果的には学校経営のシステムを大きく変える要因として、まとまりのある影響力を持った。

　この学校経営改革による変化は、端的に述べると次の二つである。学校の裁量・権限の拡大と顧客（保護者、地域住民等）の学校参画である。以下では、こうした変化を生んだ一連の学校経営改革を、三つの特徴に分けて見ていく。一つは、地方分権改革を契機とする、自律的な学校経営の加速化である。これにより、学校への権限移譲が進み始める。二つ目は、教育基本法の改正を

```
近年の学校経営改革による変化
○学校の裁量・権限の拡大
○顧客（保護者、地域住民等）の学校参画
```

```
「顧客のニーズに応じた教育を、
　学校の判断で行うことを可能に」
→
「入口」管理型から
　　　「出口」管理型へ
```

契機とする、学校組織の責任体制の明確化である。教育基本法改正により、教育責任を果たすという考え方が教育政策の前面に登場してくることになり、義務教育の構造改革へと進んでいく。三つ目は、PISA ショックを契機とする学力向上への社会的関心の高まりと、それにより顕在化してきた"顧客"の教育ニーズを重視する考え方の登場である。学校の教育サービスの"顧客"である家庭や地域社会との連携や協力が強化されていく。

第2節　地方分権改革による「自律的な学校経営」の加速化

1.　校長の権限・地位の確立

⑴　教育行政領域における地方分権改革

　日本では、2000 年 4 月施行の「地方分権の推進を図るための関係法律の整備等に関する法律」（地方分権一括法：1999 年公布）により、すべての行政領域において、中央集権型から地方分権型のシステムへと移行することになった。もちろん、教育行政領域も例外ではない。1990 年代以前からあった地方分権を模索する議論が一気に進むことになった背景には、バブル経済の崩壊による財政難のため、国家支出を抑制したいという意図があった。そのため、教育行政領域においても、一方では、限られた税金の投入で効率的に成果を上げるため、"現場"（学校）に権限を委譲し、顧客満足の最大化を図るシステムの構築が目指された。他方では、国家支出に代わる地方公共団体の支出（財政力）によって、教育条件の整備に差が生じることが予想されるが、それを「地域の特色」として容認するものとなった。つまり、財政難だから、従来通りの国家支出が難しくなるため、国家として支出すべき領域は吟味する。そうすると、今まで国の予算で支出していたもののうち、地方公共団体の予算で支出することになるものが出てくるが、地方公共団体の財政力によっては、支出に難しさが生じてくる可能性がある。そのときに、財政力にゆとりがある地方公共団体とそうでない地方公共団体との間で、例えば、ICT 教育機器の整備状況や市費採用教職員の配置数などで差が生じたとしても、それは教育の機会均等に抵触するものではなく、地域の事情に応じた「特色」と見なすということで

ある。

行政領域全般で行われていた地方分権改革の影響を受けながら教育行政領域で地方分権についての方向性を示したのは1998年9月の中教審答申「今後の地方教育行政の在り方について」である。同答申では「学校の自主性・自律性の確立」「地域住民や保護者の参画」「教育委員会や学校の責任」などがキーワードになり、校長のリーダーシップの下での組織的・機動的な学校運営の必要性が指摘された。同答申を受けて、2000年に学校教育

学校経営改革によって生じた変化①

行政領域全般　**地方分権改革**
・財政難（予算縮小）と税金の効率的使用
・地方への権限移譲、地域差の拡大
・地域性（個別性）の重視

教育行政領域　1998年9月　中央教育審議会答申
「今後の地方教育行政の在り方について」
に基づく改革

自律的な学校経営の加速化
☆学校の自主性・自律性の確立
☆地域住民や保護者の参画
☆教育委員会や学校の責任

校長のリーダーシップの下での組織的・機動的な学校運営を求める

学校経営改革によって生じた変化①

教育行政領域　1998年9月　中央教育審議会答申
「今後の地方教育行政の在り方について」
に基づく改革

2000年 学校教育法施行規則の改正
☆校長の権限・地位の確立
・校長の資格要件の緩和（「民間人校長」を可能に）
・教頭の資格要件の一部緩和（「民間人教頭」はまだ不可）
　※「民間人教頭」は2006年の同規則再改正により可能に
・職員会議の位置付けの明確化（校長の補助機関化）
・学校評議員制度の創設

法施行規則が改正され、次の変化があった。いずれも、校長の権限・地位の確立を意図したものである。校長の資格要件の緩和、教頭の資格要件の一部緩和、職員会議の位置付けの明確化、学校評議員制度の創設である。

(2) 校長と教頭の資格要件の緩和

校長の資格要件の緩和により、「教育に関する職」の経験がなく、また当該校種の教員免許状を有していなくても、校長になることが可能になった（学校教育法施行規則第22条）。いわゆる「民間人校長」の誕生を可能にした。民間人校長は、民間企業等の勤務により培われた経営感覚や組織マネジメントの手法を学校運営に生かすことを期待されて、特色ある学校づくりの起爆剤として導入されたものである。

教頭の資格要件は 2 段階に分けて緩和された。まず 2000 年の学校教育法施行規則改正で、教員免許状を有し「教育に関する職」に 5 年以上あった経験のある者、もしくは、教員免許状の有無にかかわらず「教育に関する職」に 10 年以上あった者を教頭に登用可能とした。ただし、児童生徒の教育をつかさどる場合は当該校種の教員免許状の所有を条件としていた。そして 2006 年の再改正により、校長の資格要件と同様、教員免許状を有さなくても、「教育に関する職」に就いた経験がなくても、教頭に登用可能とした。これにより「民間人教頭」の誕生も可能になった（第 23 条）。

(3)　職員会議の法令上の位置付けの明確化

　職員会議の位置付けについては、「校長の職務の円滑な執行に資するもの」（校長の補助機関）とし、職員会議は「校長が主宰する」ものだと明記した（第 48 条）。これは、職員会議は校長が何らかの決定を行う上で参考にするために教職員の意見を聞く場であり、学校としての最終的な意思決定をする場ではないという意味である。職員会議の位置付けが法令上に明記された背景には、校長と教職員の意見が一致せずに、校長の職務遂行が妨げられる事例があったとされている。

(4)　学校評議員制度の創設

　校長が公的に外部の者と学校運営上の意見交換ができる道を最初に開いたのは、学校評議員制度である。「学校評議員は、当該小学校の職員以外の者で教育に関する理解及び識見を有するもののうちから、校長の推薦により、当該小学校の設置者が委嘱する」と規定され、学校評議員は「校長の求めに応じ、学校運営に関し意見を述べることができる」（第 49 条）とされている（準用規定は、幼稚園は第 39 条、中学校は第 79 条、義務教育学校は第 79 条の 8、高等学校は第 104 条、中等教育学校は第 113 条、特別支援学校は第 135 条）。校長が権限拡大に伴って増大する学校運営の責任を果たす上で適切な意思決定ができるように、必要に応じて保護者や地域住民等に学校運営に関する意見を聞くことができるようにするため、学校評議員制度は設けられた。学校評議員は、校長に求められたときに「一対一」で意見を述べる役割で、必ずしも学校評議員会のような、学校評議

員による意思決定を行う合議機関として想定されてはいない。この点は、後に別途制度化される学校運営協議会とは異なるところである（学校運営協議会は、校長や教員の代表とともに、保護者代表や地域住民代表が一定の権限と責任を持って学校運営に関する意思決定を行う合議機関である）。学校評議員に何についての意見を求めるかは校長が判断する。

(5) 教職員人事に関する校長の意見具申の実質化

　こうした学校教育法施行規則の改正以外にも関連法令の改正が行われ、校長が持つ学校運営上の重要な判断や決定に関する権限の拡大が図られてきた。実質的に校長には何の権限もないと揶揄されてきた人事権や予算権についても、部分的に校長の裁量・権限を拡大する制度変更が行われた。

　人事権については、教職員人事に関する校長の意見具申の実質化を図った。県費負担教職員の場合、都道府県教育委員会が人事権（任命権）を有する（「地方教育行政の組織及び運営に関する法律」第 37 条第 1 項）が、任免等は市町村教育委員会の内申に基づいて行われる（市町村教育委員会の内申権）（第 38 条第 1 項）。このとき、校長は、所属の教職員の任免その他の進退に関する意見を任命権者に申し出ることができる（市町村立学校の場合は市町村教育委員会に申し出る）（校長の意見具申権）（第 36 条、第 39 条）。校長の意見具申に沿った人事の実現が目指されている。

　また、2004 年に「地方教育行政の組織及び運営に関する法律」の改正により制度化された学校運営協議会は、教職員の人事に関して任命権者に意見を述べることができる。人事に関する意見とは、その学校が目指す教育目標や内容等の実現を可能にするような教職員の配置（採用、昇任、転任）に関する事項である（よって、分限処分、懲戒処分、勤務条件の決定などに関する事項は含まれない）。学校運営協議会から教職員の任用に関する意見が出された場合、任命権者（教育委員会）はその意見を尊重した人事を行う必要があることから、校長は学校運営協議会を通じて、学校の教育目標の達成にふさわしい教職員の配置を実現することが可能になった。

(6) 学校裁量予算枠の設置・拡大

　1998 年 9 月の中教審答申で、学校予算の在り方の見直しが提言されて

以降、予算面でも学校の裁量権限は拡大している。予算面での学校の裁量権限の拡大の方法には、「学校からの企画・提案に応じて競争的に経費措置をする予算枠を設ける場合」「あらかじめ使途を特定せず校長の裁量により使途を決定できる経費を措置する場合」「予算執行に関し、校長限りで決済できる金額の上限を引き上げる場合」がある（文部科学省「学校の裁量拡大についての取組状況」2004年4月）。いずれのケースも実施数は増加している。2017年度現在、予算等における学校裁量権限の拡大を図っている教育委員会の割合は、都道府県で27.7％、政令市で35.0％、市区町村で21.1％である（文部科学省「教育委員会における学校の業務改善のための取組状況調査結果」平成29年度）。予算面での学校裁量権限の拡大は、国レベルでの法令改正を必要とせず、教育委員会規則（学校管理規則）の改正で対応可能なことから、地方公共団体によって実施には差が見られる。例えば、「校長マネジメント経費」（大阪府）、「校長経営戦略支援予算」（大阪市）、「自律経営推進予算」（東京都）などが実施されている。

2. 義務教育の構造改革

　1998年9月の中教審答申に続き、2005年10月の中教審答申「新しい時代の義務教育を創造する」では、2004年11月の政府・与党合意「三位一体の改革について」を受け、義務教育にかかる国と地方公共団体の費用負担の在り方を論点として、義務教育の構造改革が議論された。同答申では、「入口管理から出口管理へ」というフレーズに象徴的に表わされているように、「国の責任によるインプット（目標設定とその実現のための基盤整備）を土台にして、プロセス（実施過程）は市区町村や学校が担い、アウトカム（教育の結果）を国の責任で検証し、質を保証する教育システムへの転換」を強く

求めている。つまり、国は教育の質保証に向けた財源確保などの条件整備の役割を担うものの、質の高い教育が提供できるように努力するのは地方公共団体や学校であり、その実現のために権限と責任を委譲する、という教育の地方分権の意図を明確にしている。

第3節　教育基本法改正による教育責任を果たす学校教育の実現

1. 国の教育責任の明確化

　行政領域全般で進められた地方分権改革の中で、教育行政領域では、教育条件や教育成果の地域差の拡大が予想された。しかしながら、2006年に全面改正された教育基本法では、義務教育の目的が初めて明記されたり（第5条第2項）、国と地方公共団体の教育の実施責任と適切な役割分担の必要が明記されたり（第16条）、教育振興基本計画の策定を国や地方公共団体に求めたり（第17条）といったように、教育の国家水準の維持向上のために、むしろ国の関与が強化される方向が示されることになった。それとともに、教育基本法改正を受けて改正された学校教育法では、小学校や中学校等の「教育の目的と目標」が初めて明記され、義務教育が収めるべき成果が何かが示された。つまり、地方公共団体の財政力の差によってもたらされると予想される教育条件の整備の地域差が、結果として教育成果の格差として広がりすぎないようにするため、国として管理すべきところは管理するという形を取ったのである。

教育基本法

（教育行政）

第十六条　教育は、不当な支配に服することなく、この法律及び他の法律の定めるところにより行われるべきものであり、教育行政は、国と地方公共団体との適切な役割分担及び相互の協力の下、公正かつ適正に行われなければならない。

2　国は、全国的な教育の機会均等と教育水準の維持向上を図るため、教育に関する施策を総合的に策定し、実施しなければならない。

3　地方公共団体は、その地域における教育の振興を図るため、その実情に応じた教育に関する施策を策定し、実施しなければならない。

> 4 国及び地方公共団体は、教育が円滑かつ継続的に実施されるよう、必要な財政上の措置を講じなければならない。

2. 教育三法の改正

また、教育基本法の改正に伴い、2007年6月に「教育三法」(学校教育法、地方教育行政の組織及び運営に関する法律、教育職員免許法と教育公務員特例法) が改正された。

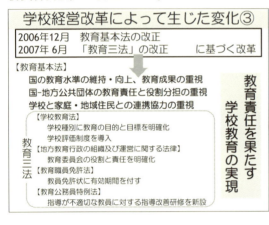

(1) 責任の所在を明確にする学校組織改革

学校教育法は「組織としての学校の力を強化」する方向で改正され、学校経営に与えた影響は大きかった。特に、学校組織の責任体制を明確化する観点から、「新しい職」として、副校長、主幹教諭、指導教諭の三つの職位を新設した。「なべぶた型」といわれ、権限や責任の所在がはっきりしなかった学校組織を、「官僚制(ピラミッド型)」に移行させ、校長を補佐する管理機能の充実と機動的な組織づくりという学校組織改革を行った(図1)。

従来から校務分掌や主任制の導入によって教職員の校務分担は行われてきたが、主任制が必ずしも校長の学校運営を支えるものとなっていないなどの問題もあったことから、「新しい職」は一定の権限を持つ職として設置された。主幹教諭は、「学校運営を行う校長等と、児童生徒に対して教育を実践していく教諭等の間においてパイプ役を担う職」と位置付けられ、校長・教頭等と教諭との間に位置する、事実上の「中間管理職」である。

(2) 学校の取り組みを点検する評価制度の導入

「新しい職」の設置と併せて、学校評価の実施と結果の公表も義務化さ

れた。一連の学校経営改革によって、学校は何を目指し、どのような成果を上げるつもりなのか、成果を上げるためにどのような努力をするのかといった、学校のビジョンや経営過程を保護者や地域住民に説明する責任（アカウンタビリティ）を負うことになった。その責任を果たす上で重要なツールとなるのが学校評価である。学校評価は、Plan（計画）―Do（実施）―Check（評価）―Action（改善行動）などの学校経営サイクルの一環で行われる、学校の教育活動の成果や課題を明らかにするための点検行為である。2006年3月に文部科学省は初めて「義務教育諸学校における学校評価ガイドライン」を策定し、全国的に学校評価の実施を促した。学校評価の制度化当時、文部科学省はそのねらいを「教育の質の保証・向上」「学

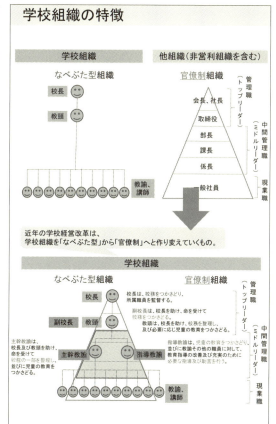

図1

校運営の改善」「信頼される開かれた学校づくり」の三つとした（文部科学省「学校評価　パンフレット」2006年7月）。

　学校評価は、1998年9月の中教審答申で制度化の必要性が提言された後、2007年の学校教育法と学校教育法施行規則の改正により、自己評価の実施と結果の公表、学校設置者に対する評価結果の報告が義務化された。また、学校関係者による評価の実施と結果の公表は努力義務とされた。

　学校評価の実施については、文部科学省が4度にわたり、『学校評価ガイドライン』を策定・改訂し（2006年、2008年、2010年、2016年）、自己評価、学校関係者評価、第三者評価の目的と方法を例示している。このガイドラインを参考にしながら、地方公共団体や学校の状況に応じた学校評価の実施を求めている。"総花的な評価"や"評価のための評価"になることなく、自校の成果の確認と課題の発見につながる目的的な評価を行うことによって、教育の質の向上を図ることが期待されている。

3.「地域ぐるみで子どもを育てる」学校と家庭・地域住民等との関係

　教育基本法の改正により、新たに「学校、家庭及び地域住民その他の関係者は、教育におけるそれぞれの役割と責任を自覚するとともに、相互の連携及び協力に努めるものとする」（第13条）という規定が設けられた。これを受けて、「地域ぐるみで子どもを育てる」ことを目的として、地域住民が教員と共に学校の教育活動を支援するための制度として、学校支援地域本部が2008年度に導入された。多様化する教育ニーズに応えたり、子どもたちに多様な教育経験を提供しようとしたりするとき、教員だけでそのすべてを行うことは、時間の面でも知識・経験の面でも限界がある。また、子どもの教育のすべてを学校が抱え込むことで、「地域の教育力」がますます低下していく恐れもある。そこで、地域住民を学校支援ボランティアとして組織し、学校の教育活動の充実を図ることが目指された。

　制度創設当時、学校支援ボランティアによって行われた支援活動は、学習支援活動、部活動の指導、樹木の整備等の校内の環境整備、登下校時における子どもの安全確保、学校行事の運営支援などであった。学校が地域住民と連携することで、子どもの教育面や教員の指導面に限らず、生涯学習や地域社会づくりなど、地域の活性化への効果も期待された。

第4節　学力向上への社会的関心の高まりと"顧客"ニーズの重視

1. PISA ショック

　地方分権改革や教育基本法改正が行われた 2000 年代初頭に OECD（経済協力開発機構）生徒の学習到達度調査（PISA）の結果が公表された。2000 年の第 1 回調査では世界トップクラスの順位だった日本が、2003 年、2006 年と続けて順位を落としたことから、学力低下が顕在化したと大々的に報道され、「ゆとり」教育への批判も出されるなど、社会的に学力低下問題に関心が集まった。そのため、文部科学省は 2007 年度に約 40 年ぶりに全国学力・学習状況調査を復活させ、「全国的な児童生徒の学力や学習状況を把握・分析し、教育施策の成果と課題を検証し、その改善を図る」ことを国の役割とした。全国学力・学習状況調査の実施は、国レベルでの教育振興基本計画の策定の義務化と同様に、地方分権改革が進む中で、むしろ国が以前よりも強く義務教育に関与していることを表している。義務教育の機会均等と教育水準の維持向上のために、教育行政領域が、行政領域全般で進行する地方分権改革の流れの中にありながらも、中央集権的な立場を取っていることが分かる。

2. 学校と家庭・地域社会の関係の変化—"顧客"から"チーム"へ—

　学校経営改革では、教育委員会・学校・教員に（分権と委譲による）権限と責任に見合う成果、とりわけ学力の向上を強く求めることになった。そして、成果の出せる教育行政システムや学校運営体制を実現するための法整備が行われた。その過程で、学校と保護者や地域住民との関係も変化していく。1990 年代後半頃には、「児童生徒の実態や地域の実情に応じた特色ある学校づくりを展開する」（1998 年 9 月中教審答申）と指摘されたように、学校にとって保護者や地域住民は、特色ある学校づくりをする上で踏まえるべき、教育ニーズの情報源という位置付けだった。それが2000 年代に入ると、「保護者や地域住民に対して直接に説明責任を果たしていく」（2005 年中教審部会まとめ）のように、教育の結果について説明責任を果たしていく相手と捉えられたり、「学校運営協議会（コミュニティ・スクール）や学校評議員の積極的活用を通じて、保護者や地域住民の学校

<近年の学校経営改革を取り巻く環境>

運営への参画を促進する」（2005年中教審答申）のように、学校運営の意思決定に参画する当事者として位置付けられたりしている。

学校運営協議会は、それまで言われてきた「学校と家庭・地域との連携」の質を大きく転換した制度である。それまでの「学校と家庭・地域との連携」の代名詞ともなってきた「開かれた学校」とは、「施設を開く」（校庭開放など）、「教育を開く」（地域住民に授業の補助をしてもらう、地域の行事等に教職員が参加するなど）、「情報を開く」（学校の教育成果や運営方針の情報公開など）といった三つの面で、学校が保護者や地域住民に「開かれている」ことを意味してきた。保護者や地域住民は、学校から提供されたものを受け取るという受動的な立場であった。しかし、学校運営協議会制度では、当該校の学校運営に関する事項について教育委員会や校長に意見を述べることができるという点で、保護者や地域住民は能動的な立場で学校運営に「参画する」という"当事者"と見なされたのである。

3. 学校経営改革から教育経営改革へ

学校経営改革は現在も進行中である。特に、2015年12月に同時に出された三つの中教審答申によって、教育責任を果たす学校教育のシステムの構築は、一つひとつの学校内の組織改革にとどまらず、保護者や地域住民をも当事者として巻き込んだ、地域ぐるみの改革へと進んでいる。「地域とともにある学校」がスローガンとなっているところにそれは顕著にうかがえる。これらの改革は、今新たに提案されたものではなく、1990年代からの学校経営改革の延長線上にあるものである（図2）。例えば、学校教育のさらなる質向上のために、教員と教員以外の専門スタッフが専門性に基づいて連携・協力して指導に当たる「チームとしての学校」の理念を

図2

現在の学校経営改革のゆくえ

教育行政領域　1998年9月　中央教育審議会答申
「今後の地方教育行政の在り方について」
に基づく改革

自律的な学校経営の加速化

☆学校の自主性・自律性の確立

（2015年12月中教審答申）
「チームとしての学校の在り方と今後の改善方策について」
「チーム学校」の推進
・マネジメントモデルの転換：
　専門性に基づくチーム体制の構築
　学校のマネジメント機能の強化
　教員個々の力を発揮できる環境整備
・学校と家庭・地域との連携・協働

（2015年12月中教審答申）
「これからの学校教育を担う教員の資質能力の向上について ～学び合い、高め合う教員育成コミュニティの構築に向けて～」
教師教育改革
・教員育成指標の策定

（2016年6月通知）
「学校現場における業務の適正化に向けて」
教職員の働き方改革
・業務改善の推進
・「次世代の」学校指導体制の強化
　複雑化・困難化した課題に対応
　教員の担うべき業務に専念できる環境確保

☆地域住民や保護者の参画

（2015年12月中教審答申）
「新しい時代の教育や地方創生の実現に向けた学校と地域の連携・協働の在り方と今後の推進方策について」
学校と地域の連携・協働体制の構築
・コミュニティ・スクールの拡充
・地域学校協働本部の整備

☆教育委員会や学校の責任

（2013年12月中教審答申）
「今後の地方教育行政の在り方について」
教育委員会改革
・教育長を教育行政の（事務執行の）責任者へ
・総合教育会議を設置
・教育振興施策大綱を策定

表 1　近年の学校経営改革の流れ

1998 年 9 月	中教審（答申） 今後の地方教育行政の在り方について	・学校管理規則の在り方の見直し ・教職員人事等の在り方の見直し ・学校予算の在り方の見直し ・校長・教頭の任用資格の見直し ・学校運営組織の見直し ・学校評議員制度の導入を提言
2000 年 4 月	学校教育法施行規則一部改正	・校長の資格要件の緩和 ・教頭の資格要件の一部緩和 ・職員会議の位置付けの明確化 ・学校評議員制度の創設
2000 年 12 月	教育改革国民会議（報告） 教育を変える 17 の提案	（提案 11）教師の意欲や努力が報われ評価される体制をつくる （提案 12）地域の信頼に応える学校づくりを進める （提案 13）学校や教育委員会に組織マネジメントの発想を取り入れる （提案 14）授業を子どもの立場に立った、わかりやすく効果的なものにする （提案 15）新しいタイプの学校（コミュニティ・スクール等）の設置を促進する
2002 年 4 月	小学校設置基準 策定 中学校設置基準 策定	・小学校等の編制、施設、設備等の設置に必要な最低基準を明確化 ・自己点検・自己評価の実施と結果の公表・情報提供を小学校等の努力義務と明示
2003 年 12 月	中教審（中間報告） 今後の学校の管理運営の在り方について	（中教審「今後の初等中等教育改革の推進方策について」2003 年 5 月、諮問） ・学校運営協議会制度の創設を提言
2004 年 3 月		文部科学省『学校組織マネジメント研修―これからの校長・教頭等のために―（モデル・カリキュラム）』発行
2004 年 9 月	地方教育行政の組織及び運営に関する法律 一部改正	・学校運営協議会制度（コミュニティ・スクール）の創設
2004 年 12 月	中教審（作業部会の審議のまとめ） 学校の組織運営の在り方について	・裁量権限の拡大に見合った学校の組織運営体制の再編整備 ・校長を補佐する管理的な機能の充実（「民間人教頭」に向けた資格要件の緩和、主幹制度の新設を検討） ・教職員の適切な能力評価と人材育成のための新たな教員評価システムの構築 ・教職キャリアの複線化の構想（スーパーティーチャー制度の新設を検討） ・管理職のマネジメント能力の開発

2005年1月	中教審（部会まとめ）地方分権時代における教育委員会の在り方について	・保護者・地域住民の学校の管理運営への参画（学校運営協議会制度の活用） ・教職員人事に関する校長の意見具申権の実質化 ・教育内容等に関する学校の裁量拡大（事前承認制から事後報告制へ） ・予算面での学校裁量の拡大 ・自己評価の実施と結果公表の義務化、外部評価の導入
2005年2月		文部科学省『学校組織マネジメント研修〜すべての教職員のために〜（モデル・カリキュラム）』発行
2005年10月	中教審（答申）新しい時代の義務教育を創造する	・教育の地方分権改革：ローカル・オプティマム（それぞれの地域において最適な状態）の実現、学校への権限と責任のさらなる委譲 ・教師を育てる評価の充実 ・管理職を補佐する職の設置 ・スーパーティーチャーの創設（教職キャリアの複線化） ・学校評価ガイドラインの策定の必要性を指摘 ・学校運営協議会（コミュニティ・スクール）や学校評議員の積極的活用
2006年3月		文部科学省「義務教育諸学校における学校評価ガイドライン」策定
2006年12月	教育基本法 全面改正	・第6条第2項「体系的な教育が組織的に行われなければならない」旨を明記
2007年3月	中教審（答申）教育基本法の改正を受けて緊急に必要とされる教育制度の改正について	・教育基本法の改正を踏まえた新しい時代の学校の目的・目標の見直しや学校の組織運営体制の確立方策等（学校教育法改正） ・質の高い優れた教員を確保するための教員免許更新制の導入及び指導が不適切な教員の人事管理の厳格化（教育職員免許法改正、教育公務員特例法改正） ・責任ある教育行政の実現のための教育委員会等の改革（地方教育行政法改正）
2007年6月	学校教育法 一部改正	・学校種の目的及び目標の見直し ・学校評価の制度化 ・「新たな職」の設置
	地方教育行政の組織及び運営に関する法律 一部改正	・教育委員会の責任体制の明確化 ・教育委員会に対する文部科学大臣の是正・改善の指示や是正の要求を規定
	教育職員免許法 一部改正	・教員免許更新制の導入
	教育公務員特例法 一部改正	・指導が不適切な教員の人事管理の厳格化

2008 年 1 月		文部科学省「学校評価ガイドライン(改訂)」策定
2008 年 4 月	中教審（答申） 教育振興基本計画について－「教育立国」の実現に向けて－	・今後 10 年間を通じて目指すべき教育の姿を提言 ・今後 5 年間に総合的かつ計画的に取り組むべき具体的な施策を提示
2010 年 7 月		文部科学省「学校評価ガイドライン（平成 22 年改訂）」策定
2013 年 4 月	中教審（答申） 第 2 期教育振興基本計画について	第 2 期教育振興基本計画の基本的方向性を提言（①社会を生き抜く力の養成、②未来への飛躍を実現する人材の養成、③学びのセーフティネットの構築、④絆づくりと活力あるコミュニティの形成）
2013 年 12 月	中教審（答申） 今後の地方教育行政の在り方について	・県費負担教職員の人事権の移譲について ・教職員人事や予算における校長の意向の反映について ・第三者評価の在り方について ・学校運営協議会を基盤とした学校・家庭・地域の協働体制の在り方について
2014 年 7 月	地方教育行政の組織及び運営に関する法律 一部改正	・教育委員長を廃止し、新教育長を責任者に ・総合教育会議の設置、教育大綱の策定
2015 年 7 月		文部科学省「学校現場における業務改善のためのガイドライン～子供と向き合う時間の確保を目指して～」策定
2015 年 12 月	中教審（答申） チームとしての学校の在り方と今後の改善方策について	・「チーム学校」の在り方を提言 ・専門性に基づくチーム体制の構築（教員以外の専門スタッフの参画） ・学校のマネジメント機能の強化（管理職の適材確保、事務体制の強化） ・教職員が力を発揮できる環境の整備（業務環境の改善、教委等による学校支援の充実）
	中教審（答申） これからの学校教育を担う教員の資質能力の向上について ～学び合い、高め合う教員育成コミュニティの構築に向けて～	・これからの時代の教員に求められる資質能力の明示 ・教員の養成・採用・研修の一体的な改革 ・十年経験者研修をミドルリーダー研修へ転換 ・独立行政法人教員研修センターの機能強化 ・教員育成協議会の創設、教員育成指標の策定
	中教審（答申） 新しい時代の教育や地方創生の実現に向けた学校と地域の連携・協働の在り方と今後の推進方策について	・社会総がかりでの教育の実現を提言 ・コミュニティ・スクールの総合的な推進（「地域とともにある学校」への転換） ・地域学校協働本部の整備

2016 年 3 月		文部科学省「学校評価ガイドライン（平成 28 年改訂）」策定
2016 年 11 月	教育公務員特例法 一部改正	・教員育成指標の策定、教員育成協議会の設置 ・中堅教諭等資質向上研修の創設（十年経験者研修の見直し）
2018 年 3 月	中教審（答申） 第 3 期教育振興基本計画について	
2019 年 1 月	中教審（答申） 新しい時代の教育に向けた持続可能な学校指導・運営体制の構築のための学校における働き方改革に関する総合的な方策について	・勤務時間管理の徹底と勤務時間・健康管理を意識した働き方改革の促進 ・学校及び教師が担う業務の明確化・適正化 ・学校の組織運営体制の在り方（副校長、主幹教諭、指導教諭等の役割や主任の在り方、学校運営を支える事務職員） ・教師の勤務の在り方を踏まえた勤務時間制度の改革 ・学校における働き方改革の実現に向けた環境整備
2019 年 1 月		文部科学省「公立学校の教師の勤務時間の上限に関するガイドライン」策定。
2021 年 1 月	中教審（答申） 「令和の日本型学校教育」の構築を目指して〜全ての子供たちの可能性を引き出す、個別最適な学びと、協働的な学びの実現〜」	①学習機会と学力の保障、②社会の形成者としての全人的な発達・成長の保障、③安全安心な居場所・セーフティネットとしての身体的、精神的な健康の保障、を学校教育の本質的な役割として重視し、継承していくための今後の教育の方向性を提示

打ち出したり、確かな指導力を持った教員の育成に向けて、養成・採用・研修の一体的な改革の具体案の実行と、そのための大学と教育委員会との緊密な連携を従来にも増して強調したりしている。そして、社会総がかりでの教育の実現を目指して、コミュニティ・スクールと地域学校協働本部事業を両輪として、一体的に実施していくことも期待している。

Question

☑学校管理と学校組織マネジメントの意味の違いを説明しなさい。

☑義務教育の構造改革とは何か、国、地方公共団体、学校の役割や責任に触れながら説明しなさい。

☑教育責任を果たす学校教育の実現に向けて、教育基本法と教育三法の改正によってもたらされた変化を説明しなさい。

> **第9章**

教育課題の複雑化に対応する教職員マネジメント

▶ Point

☑ 日本の教員は、他国と比べて多くの業務を抱えており、勤務時間が長時間化している。その背景には、日本の学校特有の性質がある。

☑ 近年、教員が直面する教育課題はより一層複雑化しており、他の専門スタッフを含めた業務の適正化・役割分担が目指されている。

☑ 複雑化する課題に対応できる教員の資質向上を目指して、教員のキャリアステージを一貫した研修の在り方が重視されている。

第1節　日本の学校と教員の仕事の特徴

1. 教員の仕事に関わる法規定

　学校教育法第 37 条第 11 項は、教諭が担う職務について、「教諭は、児童の教育をつかさどる」と規定している。この規定は、教諭が児童の教育に関わる事柄について責任を持って職務に従事するということを意味している。「児童の教育に関わる事柄」の範囲は、当然、児童生徒を対象にした教育活動に関する事項が主となるが、教育活動以外にも校務（後掲の表 1 の②〜⑤）に含まれる仕事は、学校の構成員としての教諭の職務に属すると理解する必要がある[1]。

　また、教員がその職務を遂行するに当たって、あるいは教員としての身分を有している限りにおいて遵守しなければならない義務のことを「服務」と呼ぶ。公立学校で働く教員の服務を定めた地方公務員法によると、教員の服務には、職務上の義務（第 31 条、32 条、35 条）と身分上の義務（第

1　尾﨑春樹『教育法講義—教育制度の解説と主要論点の整理—』悠光堂、2013 年、230 頁

33条、34条、36条、37条、38条）とがある。

ところで、日本の教員の職務は「無限定性」という特性を持つことが指摘されてきた[2]。無限定性とは、「自分の仕事はここまで」というように責任を負うべき仕事の範囲が教員それぞれの間で

教員の服務
①職務上の義務（職務遂行に当たって守るべき義務） ・服務の宣誓　　　　　　　　　　（地方公務員法第31条） ・法令等および上司の職務上の命令に従う義務 　　　　　　　　　　　　　　　　（地方公務員法第32条） ・職務に専念する義務　　　　　　（地方公務員法第35条） ②身分上の義務　（教員としての身分を有する限り守るべき義務） ・信用失墜行為の禁止　　　　　　（地方公務員法第33条） ・秘密を守る義務　　　　　　　　（地方公務員法第34条） ・政治的行為の制限　　　　　　　（地方公務員法第36条） ・争議行為等の禁止　　　　　　　（地方公務員法第37条） ・営利企業等への従事等の制限　　（地方公務員法第38条）

必ずしも明確ではなく（無境界性）、さらには「ここまでやれば十分だ」というような、やるべき仕事の総量（あるいは限界）が決まっているわけではない（無定量性）という特性を意味している。

先に見たように、日本の教員の仕事のありようをめぐっては、その内実を規定する法的なルールは存在せず、児童の教育に関わる仕事であれば広くその職務として内包することが規定されているのみである。その意味で、日本の教員はそれぞれが自分の職務であると受け止め、取り組むほどにその仕事量は際限なく拡大していく状況に置かれやすいのである。

2. 教員の仕事の多様性と日本の「学校」

学校の中で、各教員はどのような仕事を担っているのだろうか。2016年に実施された「平成28年度教員勤務実態調査」の調査票は、教員が抱える業務を表1のように整理している。ここからは、教員が学校の内外において従事している職務が実に広範にわたることが分かる。

授業や生徒指導、部活動など、児童生徒を相手に実施される職務については想像に難くない。それは表1では①に該当する仕事であり、私たちが児童生徒の立場から経験的に理解してきた教員の姿ということもできる。しかし、教員が担っている職務はそれだけにとどまらない。学校が児童生徒に望ましい教育を提供する社会的機関としての役割を果たすために、教員は校内においてさまざまな仕事を分け合い、協力し合っている（これを

2　佐藤学「教師文化の構造」、稲垣忠彦・久冨善之編『日本の教師文化』東京大学出版会、1994年、32-36頁

表1　日本の教員が抱えている業務例

①児童生徒の指導に関わる業務
→授業、成績処理、生徒指導、部活動、学年・学級経営など

②学校の運営に関わる業務
→職員会議・学年会などの会議、個別の打ち合わせ、事務（調査・統計への回答、学納金（給食費など）の処理・徴収、日誌や資料・文書の作成など）、校内研修など

③外部対応
→保護者・PTA対応、地域対応、行政・関係団体対応

④校外
→校務としての研修（初任者研修、出張を伴う研修など）、会議・打ち合わせ）

⑤その他（①〜④に分類できない業務）

校務分掌という）だけでなく、地域の福祉関係機関・団体や警察などとも密に連絡を取り合い協力し合って教育活動に当たっている。

このような職務の広範さは、前節で見たような日本の教員の職務特性というだけでなく、日本の「学校」と欧米諸国の「スクール（school）」の違いも影響していると考えられる（表2参照）。教育の要素として「知・徳・体」ということが言われるが、欧米においてスクールとは、あくまでも知育を目的とした機関であり、徳育は宗教施設や家庭等が、また体育は地域のスポーツクラブがそれぞれに役割を果たすことが期待されていることが多い。それに対して、日本の学校は、学力の向上（知育）、道徳の涵養（徳育）、部活動（体育）などがすべて学校の役割として期待されており、学校での教育活動の中に組み込まれている。いわば、日本の学校は、児童生徒の発達を全方位的に支援し助長することを使命として受け止め、またそこで働く教員たちもそのような考え方の下、献身的に業務を遂行することが求められている。

このような献身的な教員の存在が、日本の教育力の高さを生み出してきた一因であることの意味は大きい。しかし近年では、このような勤務の在り方を見直そうという動きが顕著になってきた。このような働き方が、結果として、他職あるいは他国と比しても類を見ないほどに多忙である状況を生み出していることが明らかになってきたからである。

第2節　教育課題の複雑化と教職員の多忙化

1．教育課題の複雑化の状況

日本の学校や教員が対応しなければならない課題は、ますます複雑化し

| 第9章 |

表2　諸外国の教員が担う業務

業務＼国名		アメリカ	イギリス	中国	シンガポール	フランス	ドイツ	日本	韓国
児童生徒の指導に関わる業務	登下校の時間の指導・見守り	×	×	×	×	×	×	△	×
	欠席児童への連絡	×	×	○	○	×	○	○	○
	朝のホームルーム	×	○	○	○	×	○	○	○
	教材購入の発注・事務処理	×	×	△	×	×	○	△	○
	成績情報管理	○	×	△	○	○	○	○	○
	教材準備（印刷や物品の準備）	○	×	○	○	○	○	○	○
	課題のある児童生徒への個別指導、補習指導	○	×	○	○	○	○	○	○
	体験活動の運営・準備	○	×	○	○	○	○	○	○
	給食・昼食時間の食育	×	×	×	×	×	×	○	×
	休み時間の指導	×	×	○	△	×	○	○	×
	校内清掃指導	×	×	○	×	×	×	○	×
	運動会、文化祭など	○	○	○	○	×	○	○	○
	運動会、文化祭などの運営・準備	○	○	○	○	×	○	○	○
	進路指導・相談	△	○	○	○	×	○	○	○
	健康・保健指導	△	○	○	○	×	○	△	○
	問題行動を起こした児童生徒への指導	△	×	○	○	×	○	○	○
	カウンセリング、心理的なケア	△	×	○	○	×	△	○	×
	授業に含まれないクラブ活動・部活動の指導	△	×	○	×	×	△	○	△
	児童会・生徒会指導	○	○	○	×	×	×	○	△
	教室環境の整理、備品管理	○	×	○	○	○	○	○	×
学校の運営に関わる業務	校内巡視、安全点検	×	×	○	×	×	△	○	×
	国や地方自治体の調査・統計への回答	×	×	○	×	×	△	○	×
	文書の受付・保管	×	×	○	×	×	△	○	×
	予算案の作成・執行	×	×	○	×	×	×	○	×
	施設管理・点検・修繕	×	×	○	×	×	×	○	×
	学納金の徴収	×	×	○	×	×	△	△	×
	教師の出張に関する書類の作成	×	×	○	×	×	△	○	×
	学校広報（ウェブサイト等）	×	×	○	×	×	○	○	△
	児童生徒の転入・転出関係事務	×	×	○	×	×	△	△	×
外部対応に関わる業務	家庭訪問	×	×	○	×	×	×	○	△
	地域行事への協力	○	×	○	×	×	×	○	△
	地域のボランティアとの連絡調整	×	×	○	×	×	×	○	×
	地域住民が参加した運営組織の運営	×	×	○	×	×	×	△	×

※教員の「担当とされているもの」に○を、「部分的にあるいは一部の教員が担当する場合があるもの」に△を、「担当ではないもの」に×を付けている。三か国以上の国で○又は△が選択されている業務をグレー表示している。全部で40業務設けたが、「出欠確認」、「授業」、「教材研究」、「体験活動」、「試験問題の作成、採点、評価」、「試験監督」、「避難訓練、学校安全指導」「出欠確認」、「授業」全ての国で「担当とされているもの」7項目は掲載していない。

国立教育政策研究所『学校組織全体の総合力を高める教職員配置とマネジメントに関する調査研究報告書』(2017)

ている。複雑化の様態は、次の三つの類型で整理できる。

　第一は、以前から存在した教育課題がより深刻になっているという「問題の深刻化」である。「令和3年度児童生徒の問題行動・不登校等生徒指導上の諸問題に関する調査」によると、令和3年度間の不登校[3]児童生徒の数（カッコ内は全児童または生徒数に占める割合）は、小学校で8万1,498人（1.3％）、中学校で16万3,442人（5.0％）である。前年度の児童生徒数と比較すると、小学校で28.6％、中学校で23.1％増加している。また、同調査によると、学校の管理下での暴力行為の件数（対教師、生徒間、対人、器物破損の合計）は、小学校で4万8,138件、中学校で2万4,450件であった。前年度がそれぞれ4万1,056件と2万1,293件であった。令和3年度の調査では小学校と中学校共に増加したが、特に小学校については長期的には増加傾向にあり、教育課題は深刻化しているとみることができ

3　本調査において不登校は、長期欠席者（「児童・生徒指導要録」の「欠席日数」欄及び「出席停止・忌引き等の日数」欄の合計の日数により、年度間に30日以上登校しなかった者）のうち、「何らかの心理的、情緒的、身体的、あるいは社会的要因・背景により、児童生徒が登校しないあるいはしたくともできない状況にある者（ただし、「病気」や「経済的理由」、「新型コロナウイルスの感染回避」による者を除く。）」として定義されている。

る。

　第二は、学校に在籍する児童生徒が多様になったという「対象の多様化」である。例えば、特別支援教育の現状に目を向けてみる。「令和2年度通級による指導実施状況調査」によると、通級による指導を受けている義務教育段階の児童生徒数は16万3,397人で、平成30年度と比較して1.3倍に増加した[4]。文科省の調査（2022年12月13日発表）では、通常学級において発達障害（LDやADHD、高機能自閉症）の可能性のある児童生徒の在籍率は8.8%程度であることが分かっている。

　もう一つの例として、公立学校における外国籍の児童生徒の増加、日本語指導が必要な児童生徒の増加を取り上げる。平成30年度学校基本調査によると、公立学校（小、中、義務、高、中等、特支の合計）に在籍する外国籍の児童生徒は9万3,133人で、前年からおよそ7,000人程度増加した。そのうち、日本語指導が必要な児童生徒は4万485人で、前回調査時（平成28年）より6,000人以上増加している（「日本語指導が必要な児童生徒の受入状況等に関する調査（平成30年度）」を参照）。国際結婚によって日本国籍を持ちながら日本語指導が必要な児童生徒も増加傾向にある。

　第三は、以前にはなかった（あるいはあまり大きな課題として表面化していなかった）課題に対応しなければならないという「現代的課題への対応」である。例えば、子どもの貧困をめぐる課題がある。文部科学省の調査（平成30年度）によると、要保護の児童生徒は約11万人、準要保護の児童生徒は約126万人にも上り、彼らの就学をいかに援助するかは重要な課題になっている（第1章参照）。また、「地域とともにある学校」という理念の下で、「コミュニティ・スクール」の推進を柱にした保護者や地域住民との連携・協力関係の構築がより一層求められるようになっている（第12章参照）。さらに、学習指導要領の改訂（平成29年3月告示）に伴う、「特別の教科　道徳」や小学校第5、6学年における教科「外国語（英語）」の新設への対応も至急かつ最重点課題となっている。

　このように、学校現場における教育課題は多面的・多層的に複雑化していると理解する必要がある。上記いずれの例をとっても、各教員は個人あ

4　2016年12月の学校教育法施行規則の一部改正に伴い、高等学校段階でも通級による指導が実施されることになった（2018年4月より施行）。

るいは組織的にこれらの教育課題に対応していく新たな労力が求められる。つまり、さらなる多忙化につながっていく可能性が高まっている。

2．教職員の多忙化の実態

　日本の教員がどのような勤務実態にあるのかを明らかにした近年の調査に、2013年のOECD（経済協力開発機構）による「TALIS（国際教員指導環境調査）」と、文部科学省による「平成28年度教員勤務実態調査」がある。前者では、日本の教員が他国の教員と比べていかなる勤務状況にあるのか、また後者では10年前に実施された同様の調査結果との比較を通して、この間の教員の勤務をめぐる量的（勤務時間）、質的（勤務内容）変化の内実が明らかになった。

　TALISは、学校の学習環境と教員の勤務環境についての国際調査である。調査は、校長のリーダーシップ、教員の自己効力感や仕事への満足度など全6項目についてデータを収集・分析しているが、ここでは日本の教員の勤務時間と学校環境という2点に限って、その特徴を整理する。

　先に、日本の教員が広範な職務を担っていることを指摘したが、そのような日本的特徴が長時間勤務につながっているということ、そして、そのような状況の中でより質の高い教育を実施するためには、教員の数と専門

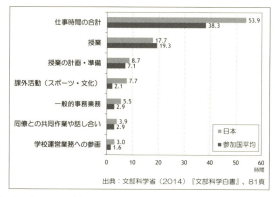

出典：文部科学省（2014）『文部科学白書』、81頁

的な能力を有した教職員を必要とする現場レベルの意識を確認することができる。実際に、他国では教員とは異なる専門的な知識や技能を有した専門スタッフが学校教職員として配置され、協力して教育活動に当たっている。その数と種類のいずれをとっても日本においては不足している。

　「平成28年度教員勤務実態調査」からは、より深刻な多忙化の状況が明らかになった。調査によると、週当たりの平均勤務時間は小学校教諭で57時間25分、中学校教諭で63時間18分である。小・中学校で比較する

と、小学校では授業実施に充てる時間が長い（全教科担当、空き時間がほとんどないことが理由である）、中学校では部活動・クラブ活動に充てる時間が長いなどの特徴が顕著である以外は、学校種を超えてその職務内容とそこにかける時間に大きな違いは見当たらない。しかし、平成18年度に実施された同様の調査と比較すると、平日の勤務時間、教諭の土日の勤務時間、持ち帰り業務時間、部活動の状況について特徴が見られた。

　さて、教員の多忙化という点からは、時間外勤務（いわゆる「残業時間」）に着目しておく必要がある。1日当たりの正規の勤務時間が7時間45分であることを踏まえると、週当たりの時間外勤務時間は小学校で18時間40分、中学校で24時間33分となる。これは、平成18年の調査において、月当たり34時間という結果であったことを踏まえると大幅に増加している。さらに、教職調整額の制定につながった「昭和41年度教職員の勤務状況調査」では月当たり8時間であったことを考えるならば、この間でいかに学校・教員の業務が増大してきたかをうかがい知ることができる。

　教員の時間外勤務については、「公立の義務教育諸学校等の教育職員を正規の勤務時間を超えて勤務させる場合等の基準を定める政令」において、①校外実習その他生徒の実習に関する業務、②修学旅行その他学校の行事に関する業務、③職員会議に関する業務、④非常災害の場合、児童又は生徒の指導に関し緊急の措置を必要とする場合その他やむを得ない場合に必要な業務の4項目（いわゆる「超勤4項目」）に限るとされている。

　以上の調査結果を踏まえ、2015年12月には中央教育審議会答申「チームとしての学校の在り方と今後の改善方策について」において、専門スタッフ（スクールカウンセラー、スクールソーシャルワーカー、部活動指導員）の配置の重要性が提言され、学校教育法施行規則の一部改正により、2017年4月以降、これらの専門

教員勤務実態調査（平成28年度）から分かること

・平成18年調査と比較すると…

○平日の勤務時間：
小学校では「副校長・教頭」「教諭」が、中学校では「教諭」の増加幅が大きい

○教諭の土日の勤務時間：
土曜授業等を除いても、勤務時間が増加。小学校では「授業準備」、中学校では「部活動・クラブ活動」「成績処理」の時間が増加。

○教諭の持ち帰り業務時間：
若干減少している（ただし、学内勤務時間は増加している）

○部活動の状況：
部活動の活動時間が長いほど、学内勤務時間が長い。ただし土日については部活動の種類によって差がある。
☞学校種に応じて忙しさの原因には違いが見られる。

スタッフが法制化された。また、2017年7月には中央教育審議会初等中等教育分科会の下に「学校における働き方改革特別部会」が設置され、学校や教員が行うべき業務とは何かという点から、業務の明確化と適正化・役割分担を通じた負担軽減の在り方について、検討が進められた。

第3節　複雑化への対応に向けた教師教育改革

1．教員の資質向上と研修の役割

　これまでに見てきたように、学校や教員をめぐる状況は常に変化の中にあるといってよい。その意味では、養成段階において大学等で学んだ教職に関する知識や技術を常に更新していくことが、教育課題に対応する資質や能力を有し、質の高い教育活動を提供する専門的職業人として強く求められる。そのような資質向上の機会として、第一義的な役割を果たしているのが、さまざまな研修の機会である。研修の重要性については、教育基本法と教育公務員特例法が次のように規定している。

教育基本法

第九条　法律に定める学校の教員は、自己の崇高な使命を深く自覚し、絶えず研究と修養に励み、その職責の遂行に努めなければならない。

2　前項の教員については、その使命と職責の重要性にかんがみ、その身分は尊重され、待遇の適正が期せられるとともに、養成と研修の充実が図られなければならない。

教育公務員特例法

第二十一条　教育公務員は、その職責を遂行するために、絶えず研究と修養に努めなければならない。

2　教育公務員の任命権者は、教育公務員（公立の小学校等の校長及び教員（臨時的に任用された者その他の政令で定める者を除く。以下この章において同じ。）を除く。）の研修について、それに要する施設、研修を奨励するための方途その他研修に関する計画を樹立し、その実施に努めなければならない。

　研修は、国・都道府県・市町村・学校や個人といったさまざまな主体・レベルで実施されているが、教育公務員特例法において実施が定められ、

原則として該当するすべての教員が対象になる研修を「法定研修」と呼ぶ。法定研修には、初任者研修（教育公務員特例法第23条）、中堅教諭等資質向上研修（同24条）、指導改善研修（同25条）がある。その他にも、教職経験、職能に応じた研修や、民間企業や大学院への長期派遣研修（同22条、26条）などがある。

教育公務員特例法

第二十二条　教育公務員には、研修を受ける機会が与えられなければならない。

2　教員は、授業に支障のない限り、本属長の承認を受けて、勤務場所を離れて研修を行うことができる。

3　教育公務員は、任命権者の定めるところにより、現職のままで、長期にわたる研修を受けることができる。

第二十三条　公立の小学校等の教諭等の任命権者は、当該教諭等（臨時的に任用された者その他の政令で定める者を除く。）に対して、その採用（現に教諭等の職以外の職に任命されている者を教諭等の職に任命する場合を含む。附則第五条第一項において同じ。）の日から一年間の教諭又は保育教諭の職務の遂行に必要な事項に関する実践的な研修（以下「初任者研修」という。）を実施しなければならない。

2、3（略）

第二十四条　公立の小学校等の教諭等（臨時的に任用された者その他の政令で定める者を除く。以下この項において同じ。）の任命権者は、当該教諭等に対して、個々の能力、適性等に応じて、公立の小学校等における教育に関し相当の経験を有し、その教育活動その他の学校運営の円滑かつ効果的な実施において中核的な役割を果たすことが期待される中堅教諭等としての職務を遂行する上で必要とされる資質の向上を図るために必要な事項に関する研修（以下「中堅教諭等資質向上研修」という。）を実施しなければならない。

2　（略）

第二十五条　公立の小学校等の教諭等の任命権者は、児童、生徒又は幼児（以下「児童等」という。）に対する指導が不適切であると認定した教諭等に対して、その能力、適性等に応じて、当該指導の改善を図るために必要な事項に関する研修（以下「指導改善研修」という。）を実施しなければならない。（以下略）

第二十六条　公立の小学校等の主幹教諭、指導教諭、教諭、養護教諭、栄養教諭、主幹保育教諭、指導保育教諭、保育教諭又は講師（以下「主幹教諭等」という。）で次の各号のいずれにも該当するものは、任命権者の許可を受けて、三年を超えない範囲内で年を単位として定める期間、大学（短期大学を除く。）の大学院の課程若しくは専攻科の課程又はこれらの課程に相当する外国の大学の課程（次項及び第

二十八条第二項において「大学院の課程等」という。）に存学してその課程を履修
するための休業（以下「大学院修学休業」という。）をすることができる。（以下、略）

　教員の研修をめぐる近年の動向として、教員や校長の資質向上に関する
指針、指標および教員研修計画の整備がある。2017年4月の教育公務員
特例法の一部改正によって、校長や任命権者は、大学との間で協議会を組
織し、文部科学大臣が定めた教員の資質向上に関する指針を参酌しながら、
地域の実情に応じた校長および教員としての資質に関する指標を定め、そ
の指標を踏まえた年度ごとの研修実施計画（教員研修計画）を定めること
とされた。この計画は養成を担う大学と、採用・研修を担う教育委員会が
協力して策定するものであることから、今後はより一層、養成―採用―研
修という教員のキャリアステージを一貫した資質向上の枠組みづくりと実
践が推進されるものと考えられる。

２．教員免許更新制の導入

　教員免許更新制は、2007年の教育職員免許法の改正に伴って、2009年
4月から導入された制度である。これは、普通免許状と特別免許状に10
年という期限を設けて、有効期間の満了までに30時間以上の講習（教員
免許状更新講習）を修了することで、その免許状の効力が更新されるとい
う制度である。制度導入の目的について文部科学省は、「その時々で教員
として必要な資質能力が保持されるよう、定期的に最新の知識技能を身に
付けることで、教員が自信と誇りを持って教壇に立ち、社会の尊敬と信頼
を得ることを目指すもの」と説明している。

　教員免許状更新講習は、2016年3月まで、必修領域12時間以上、選択
領域18時間以上で実施されてきたが、2016年4月以降は、必修領域6時
間以上、選択必修領域6時間以上、選択領域18時間以上で実施されるよ
うになった。新設された選択必修領域では、例えば、カリキュラム・マネ
ジメント、アクティブ・ラーニング、道徳教育、英語教育といった現代的
かつ複雑化する課題に対応する項目が対象講座内容として挙げられている。
複雑化する課題に対応する最新の理論や実践について、それぞれの関心や
必要性に応じて学びを深めることができるようにした点にねらいがある。

教員免許更新制の概要

- 教員として必要な資質能力が保持されるよう、定期的に最新の知識技能を身に付けることで、教員が自信と誇りを持って教壇に立ち、社会の尊敬と信頼を得ることが目的（不適格教員の排除が目的ではない！）
- 有効期限は10年
- 有効期間満了日（修了確認期限）の2年2ヶ月から2ヶ月前までの2年間に30時間の更新講習を受けることが義務づけられている
- 有効期間満了日までに更新講習を受講・修了し、免許管理者に更新講習修了確認申請を行わなければならない。有効期間を更新しなかった場合は、所持する免許状は失効する。

教員免許状更新講習の受講対象者には普通免許状または特別免許状を有する者のうち、現在学校で勤務している者あるいは今後教員になる可能性が高い者が想定されている。なお、「就学前の子どもに関する教育、保育等の総合的な提供の推進に関する法律の一部を改正する法律」（いわゆる「改正認定こども園法」）の制定に伴って、幼稚園教諭免許状を保有している保育士も免許状更新講習を受講できるようになった。ただし 2022 年の法改正により、同年 7 月には「発展的解消」となった。

3．教職大学院の設置・展開

　教育公務員は現職としての身分を有したまま（つまり、給与をもらいながら）、勤務場所を離れて長期にわたる研修を受けることが特別に認められている（教育公務員特例法第 22 条第 2 項・3 項）。教員養成系大学院への派遣（新教育大学大学院派遣、大学院設置基準第 14 条適用大学院派遣）、民間企業や社会福祉施設等での長期社会体験研修などがこれに当たる。

　教職大学院は、教員養成に特化した専門職大学院として 2007 年に創設された。制度創設を提言した中央教育審議会答申「今後の教員養成・免許制度の在り方について」（2006 年）はその必要性について、「教育を取り巻く社会状況の変化等の中で、この変化や諸課題に対応し得るより高度な専門性と豊かな人間性・社会性を備えた力量ある教員が求められるようになって」おり、「大学院段階で、現職教員の再教育も含め、特定分野に関する深い学問的知識・能力を有する教員や、教職としての高度の実践力・応用力を備えた教員を幅広く養成していくことが重要」であるとした。そのため、教職大学院では、①学部段階で教員としての基礎的・基本的な資質能力を修得した者の中から、さらにより実践的な指導力・展開力を備え、

新しい学校づくりの有力な一員となり得る新人教員の養成（いわゆる、ストレートマスター）と、②一定の教職経験を有する現職教員を対象に、地域や学校における指導的役割を果たし得る教員として、不可欠な確かな指導理論と優れた実践力・

教職大学院制度の概要
①教職大学院の目的・機能
・学部段階での資質能力を修得した者の中から、さらなる実践的な指導力・展開力を備え、新しい学校づくりの有力な一員となり得る新人教員の養成
・現職教員を対象に、地域や学校における指導的役割を果たし得る教員等として不可欠な確かな指導倫理と優れた実践力・応用力を備えたスクールリーダーの養成
②教職大学院の特徴
・学校現場での実習を中心に、理論と実践を往還させた教育課程
・学校現場での今日的課題を題材にした授業展開
・実務家教員と研究者教員のTTによる授業運営

応用力を備えた「スクールリーダー（中核的中堅教員）」の養成を目的にした教育が行われている。

　2018年度には、各都道府県に1校（鳥取県を除く）は教職大学院が設置されることになり、今後、地域のスクールリーダーの養成・研修において重要な役割を発揮していくことが期待されている。これは、教員養成機能を大学院レベルに引き上げようとする「教員養成の高度化」の動向として捉えることができる。諸外国では教員養成が主として大学院レベルで実施されているのに対して、日本では学部段階が主流である。日本の学校を取り巻く課題の複雑さを顧みたとき、職務を遂行する教員の資質を向上させるべく、養成や研修のレベルを引き上げることは重要であるようにも思える。その一方で、大学院レベルへの移行が教員の需給に見合うかという現実的な問題も存在する。教職大学院を中心とした教員養成の高度化の是非については、今後の展開を注視する必要がある。

Question

☑日本の教員の勤務時間の実態と長時間化している要因について、各種統計（たとえばTALIS 2018など）のデータに触れながら説明しなさい。

☑「超勤4項目」について説明しなさい。

☑教員免許更新制と教職大学院のそれぞれについて、その制度の目的を説明しなさい。

第10章

多職種連携に対応する
学校マネジメント

Point

☑ 今日の学校は、多様な専門性を持った教職員の連携による「チームとしての学校」を展開するマネジメントが求められている。

☑ 学校はもともと、さまざまな教職員で構成され、「主任職」を担うなど校務分掌を分担してきた。しかし、教員の負担が限界にきている。

☑ スクールカウンセラーやスクールソーシャルワーカーなど、比較的新しい専門スタッフと共にいっそう連携していくことが必要である。

第1節　教職員の配置と多職種構成の必要性

1．教職員の配置と役割分担

(1)　多職種で構成される学校

　本章で「多職種」とは、多様な異なる専門性の職種という意味である。つまり、今日の学校は、さまざまな専門性を持った職員の連携によって教育活動や学校運営が展開される必要があり、学校にはそのような連携を効果的に進めるマネジメントが求められていると言える。

　今日の教育は、複雑な問題を背景に困難な課題も多く、教員だけでは立ちゆかない現状がある。一方で、一般的な理解としては、学校において多数を占める教員がほとんどの活動を担い、全体については校長と教頭が取り仕切って進めていると見られている。つまり、校長、教頭、それ以外は教員という理解である。だが、現に教員以外にもさまざまで多様な職種の職員が共に働き、協力し、連携して教育活動や学校運営を行っている。今日、そのような組織や学校の在り方を「チームとしての学校」（以下、「チー

134

ム学校」）と呼び、推進するとともに、そうした理解が重要になっている。

(2)　学校の教職員
①教職員の基本的な構成

　まず、学校には、校長、教頭、教諭、養護教諭及び事務職員を置かなければならない（学校教育法第 37 条第 1 項）。さらに副校長、主幹教諭、指導教諭、栄養教諭その他必要な職員を置くことができる（同条第 2 項）。

　この中で最も人数が多いのは、一般的な教員として理解される教諭であり、授業を行い、学習指導や生徒指導を行うことを主たる業務とする。校長は、学校全体の運営やマネジメントに関して責任を持つ。副校長は、校長を助けるとともに学校の管理運営に当たる。教頭は、校長を補佐し、校務を整理し、授業を行うこともある。つまり、校長、副校長、教頭は、学校の管理職であり、教諭等に指導助言を行う[1]。

　主幹教諭は、命を受けて校務の一部を整理し、授業も行う。指導教諭は授業を行う一方、他の教職員に対して教育指導の改善について指導及び助言を行う。養護教諭は子どもの健康の保持と増進を担い、健康診断の実施の補助、保健教育への協力、保健室の管理などを行う。栄養教諭は栄養や食に関する指導とそのための連携・調整および管理の役割を担う。事務職員は教職員の給与と旅費、学校の予算管理等に関する業務を担う。

　講師は教諭に準ずる職務に従事するとされ、実際の仕事は、教諭とほとんど変わりがない場合が多い。他に、助教諭や養護助教諭が助ける職として学校教育法で明示され

> ### 学校における教職員の基本構成
> - 校長、教頭、教諭、養護教諭、事務職員を置かなければならない　（学校教育法第37条第1項）
> - 副校長、主幹教諭、指導教諭、栄養教諭その他必要な職員を置くことができる
>   （学校教育法第37条第2項）
> - 助教諭、講師、養護助教諭
>   （学校教育法第37条第15〜第17項）
> - 学校医、学校歯科医、学校薬剤師
>   （学校保健安全法第23条第1項および第2項）
> - 学校給食栄養管理者、給食調理員、学校用務員
> - 技術職員、実習助手、寄宿舎指導員など

1　校長や教頭は、学校職員の中で、労働関係の地位として「管理職員等」の範疇の「管理又は監督の地位にある職員」であり、「労基法上の使用者たる地位を有する」（京都地裁判昭 25. 11. 9）とともに、教職員の「職務上の上司」（昭和 31. 1. 5、文部省初中局長）である。岡東壽隆『新版　学校教育大事典』ぎょうせい。

ている。学校医、学校歯科医および学校薬剤師（学校保健安全法第 23 条第 1 項および第 2 項）は、通常、非常勤として関わっている。また、配置の努力義務がある学校司書（学校図書館法）のほか、学校給食栄養管理者や給食調理員、学校の設備備品等に関わる学校用務員、あるいは主に高等学校や特別支援学校における技術職員、実習助手、寄宿舎指導員などが挙げられる。

②教諭をもって充てる職

教諭をもって充てる職は、「主任職」や「充て主任」「充て職」などと呼ばれ、本来の仕事に加えて任せられる職である。

まず、多くの学校で置かれているもの（特別の事情がある場合、置かないことができる）としては以下のものがある。教務主任[2] は教育計画の立案その他の教務に関する事項について連絡調整および指導、助言を行う。学年主任[3] は学年の教育活動に関して連絡調整や指導、助言を行う。保健

表 1　学校種と教職員をもって充てる職

学校種	置かなければならない。置くものとする。	置くものとする。特別の事情がある場合、置かないことができる	置くことができる。
小学校 義務教育学校前期課程	司書教諭（注）	教務主任 学年主任 保健主事	必要に応じ校務を分担する主任等 事務長または事務主事
中学校 義務教育学校後期課程	司書教諭（注） 進路指導主事	教務主任 学年主任 保健主事 生徒指導主事	必要に応じ校務を分担する主任等 事務長または事務主事
高等学校	司書教諭（注） 進路指導主事 事務長	教務主任、学年主任、保健主事、生徒指導主事、学科主任（2以上の学科を置く場合）、農場長（農業高校）	必要に応じ校務を分担する主任等

（注）「学校には、学校図書館の専門的職務を掌らせるため、司書教諭を置かなければならない。」（学校図書館法第5条）しかし、11学級以下の学校は当分の間、置かないことができる（学校図書館法附則）。
　なお、上記の表中、学校種については、中等教育学校はおおむね高等学校と同様であるため、また、特別支援学校は、寮務主任、舎監を加えて、おおむね高等学校と同様であるため、割愛した。

2　学校教育法施行規則第 44 条。
3　学校教育法施行規則第 44 条。
4　学校教育法施行規則第 45 条。
5　表 1 および表 1 下の注を参照。
6　学校教育法施行規則第 46 条。

主事[4]は小学校における保健に関する事項の管理を行う。司書教諭[5]は原則、必置であるが、小規模校はその限りではない。事務職員[6]をもって充てる職としては事務長や事務主任がある。

中学校や高等学校で置くものとされている職としては、進路指導主事があり、職業選択や進路指導についての連絡調整および指導、助言を行う。また多くの中学校や高等学校に置かれているものとして生徒指導主事があり、生徒指導に関して連絡調整および指導、助言を行う。さらに「必要に応じ、校務を分担する主任等を置くことができる」(学校教育法施行規則第47条)。例えば、多くの学校に置かれている研究主任はこれに当たる。

2. 多職種構成による組織の必要性

このように学校は教職員がそれぞれの業務を抱えながらも相互に連携・協力し、助け合いながら学校の組織、すなわち校務分掌を構成し、運営している。主任職の考え方を見ても明らかなように、組織において何か必要な役割が生じた場合、あるいは新たな課題が生じた場合は、人員の数として多数の教諭を中心に付加的にその機能を分担してきたと言える。

確かに、学校や教育のことが分かり、すぐに連携協力の関係を築くことができるという意味では、教員がそうした仕事を付加的に担うことは「手っ取り早い」と言える。しかし、そうした考え方は教員の「万能論」につながり、いわば教員を「何でも屋」として捉えるようになり、教員自身も「抱え込み」をしてしまう。同時に、それは、一方では教員の義務感や責任感によって支えられるという意味では、一種の美徳とさえ捉える向きもあったと言えるが、他方では一人ひとりの教員に掛かる負担が重くなり、今日、問題とされる教員の多忙化問題の一因となったと言える。学校は教員以外の職員・専門スタッフによって支えられる必要がある段階にきている。

第2節　専門性に基づく「チームとしての学校」の必要性

1.「チーム学校」の提言

このような状況を踏まえ、2015年12月、中央教育審議会は「チームと

しての学校の在り方と今後の改善方策について（答申）」（以下、「チーム学校」答申）を取りまとめた。すなわち「個々の教員が個別に教育活動に取り組むのではなく、校長のリーダーシップの下、学校のマネジメントを強化し、組織として教育活動に取り組む体制を創り上げるとともに、必要な指導体制を整備することが必要である」とした。

つまり、教員の本務である授業や児童生徒に対する直接的な生徒指導等の業務に集中できる体制にしていくべきであるという指摘である。また、教員の業務の中でも生徒指導や生徒相談の領域は、年々、困難性が増していると言える。答申では、こうした側面について、「生徒指導や特別支援教育等を充実していくために、学校や教員が心理や福祉等の専門家（専門スタッフ）や専門機関と連携・分担する体制を整備し、学校の機能を強化していくことが重要である」と指摘した。

表2 「チームとしての学校」像（イメージ図）

・多様な専門人材が責任を伴って学校に参画し、教員はより教育指導や生徒指導に注力 ・学校のマネジメントが組織的に行われる体制 ・チームとしての学校と地域の連携・協働を強化 	
授業	・アクティブ・ラーニングの視点からの不断の授業改善
教員の業務	・専門スタッフ等との共同により、複雑化・多様化する課題に対応しつつ、教員は教育指導により専念
学校組織運営体制	・カリキュラム・マネジメントを推進 ・多様な専門スタッフが責任を持って学校組織に参画して校務を運営
管理職像	・多様な専門スタッフを含めた学校組織全体を効果的に運営するためのマネジメントが必要
地域との連携	・コミュニティ・スクールの仕組みを活用 ・チームとしての学校と地域の連携体制を整備

中教審答申「チームとしての学校の在り方と今後の改善方策について」、14頁、作業部会事務局作成の図から筆者が一部抜粋。

よって、教員および職員・専門スタッフ等の職務内容および権限と責任を明確化し、役割や業務を校務分掌組織にしっかり位置付けることが必要である。その上ですべての教職員がそれぞれの立場・役割をはっきり認識し、自らの専門性を生かして業務を担うことで「チーム学校」を構築していくことが必要と言える。

2.「チーム学校」の範囲と業務の考え方

　「チーム学校」の範囲は「校長の指揮監督の下、責任を持って教育活動に関わる者」、すなわち基本的には学校の教職員であり、教育委員会等から派遣され、業務に携わる職員や専門スタッフも含まれると言える。

　よって、まず教員を本来的な業務に集中できるように見直していく。次に教員に加え、「教員以外の専門スタッフの参画」[2]を進める。さらに「地域連携を担当する教職員」を位置付けることも課題である。こうして教員を本来の業務に集中できるようにしつつ、重くなっている負担を軽減しようという考え方である。

教員以外の専門スタッフの参画

① 心理や福祉に関する専門スタッフ
　スクールカウンセラー、スクールソーシャルワーカー

② 授業等において教員を支援する専門スタッフ
　ICT支援員、学校司書、英語指導を行う外部人材と外国語指導助手（ALT）等、補習など、学校における教育活動を充実させるためのサポートスタッフ

③ 部活動に関する専門スタッフ
　部活動指導員

④ 特別支援教育に関する専門スタッフ
　医療的ケアを行う看護師等、特別支援教育支援員、言語聴覚士、作業療法士、理学療法士等の外部専門家、就職支援コーディネーター

　なお、「チーム学校」答申の趣旨を実現する職員配置に係る法令（学校教育法施行規則の一部を改正する省令）によって、スクールカウンセラー（65条の3）、スクールソーシャルワーカー（65条の4）、部活動指導員（中学校以上）（第78条の2）、医療的ケア看護職員（65条の2）、情報通信技術支援員（65条の5）、特別支援教育支援員（65条の6）、教育業務支援員（65条の7）が位置付けられている。

2　中教審答申「チームとしての学校の在り方と今後の改善方策について」、22頁。

> 〈教員の業務の分類（例）〉[3]
> (a) 教員が行うことが期待されている本来的な業務
>   ・学習指導、生徒指導、進路指導、学校行事、授業準備、教材研究、学年・学級経営、校務分掌や校内委員会等に係る事務、教務事務（学習評価等）
> (b) 教員に加え、専門スタッフ、地域人材等が連携・分担することで、より効果を上げることができる業務
>   ・カウンセリング、部活動指導、外国語指導、教員以外の知見を入れることで学びが豊かになる教育（キャリア教育、体験活動など）、地域との連携推進、保護者対応
> (c) 教員以外の職員が連携・分担することが効果的な業務
>   ・事務業務、学校図書館業務、ICT活用支援業務
> (d) 多様な経験等を有する地域人材等が担う業務
>   ・指導補助業務

第3節　多職種連携・協力のマネジメント

1. 教職員一人ひとりが力を発揮できる環境の整備

　「チーム学校」の考え方は、教員の仕事の「抱え込み」の状態を新たな組織の構築と分担の在り方によって改善するねらいがあるが、同時に業務そのものの見直し、すなわち業務改善も必要とされている[4]。また、今日ではいわゆる「働き方改革」が進められているが、中央教育審議会「学校における働き方改革特別部会」は、「学校における働き方改革に係る緊急提言」（2017年8月29日）を行った。そして同部会の検討結果を受けて、文部科学省「学校における働き方改革に関する緊急対策の策定並びに学校における業務改善及び勤務時間管理等に係る取組の徹底について（通知）」（2018年2月9日）の内容から筆者が作図

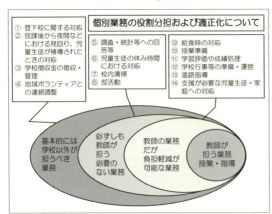

文部科学省「学校における働き方改革に関する緊急対策の策定並びに学校における業務改善及び勤務時間管理等に係る取組の徹底について（通知）」（2018年2月9日）の内容から筆者が作図

3　中教審答申「チームとしての学校の在り方と今後の改善方策について」、24頁。
4　「学校現場における業務改善のためのガイドライン」（2015年7月2日 文部科学省）

管理等に係る取組の徹底について（通知）」（2018 年 2 月 9 日）が示された。

2. チームによる支援と対応

　以下では、学級担任が直面する可能性のある課題や場面におけるチームとしての支援や対応の視点について述べていきたい。

(1)　学級経営をめぐる課題

　いわゆる「学級崩壊」問題は、1997 年ごろから社会問題化した[5]。当初は教師の指導力不足を問題とする視点が強かったが、次第にこの問題の複雑さや困難さが明らかとなっていった[6]。一方で、校長のリーダーシップの不足、学級での教員の指導に柔軟性を欠いているもの、いじめなどの問題行動への対応の遅れなど、学校や教師の問題も指摘されたが、他方で就学前教育との連携・協力の不足、後にクローズアップされる特別支援教育の課題[7]、家庭の養育やしつけの問題、学校と家庭の対話の不十分さ、専門的な知見の必要性や外部との連携の重要性など、学校だけでは解決できない多くの諸課題が指摘された。つまり、学校として取り組むべきこうした課題が、実は学級経営の課題の背景に存在していたのである。

　「学級崩壊」問題では、教師が孤立し、精神的に追い込まれる事例が明らかになった[8]。また、この問題は、経験不足の若手教員だけでなく、十分な経験があって、力量のある教員でも陥る可能性があるということが露わになった[9]。つまり、学級経営は、かつては「担任まかせ」の傾向が強かったが、2000 年前後を境として、特に困難な学級については、各種の支援員、学年の他の教員、特別支援教育コーディネーター、管理職などがチームとして対応することで学級担任を支える考え方にシフトしてきたと言える。

5　大島聡「学級崩壊」『最新教育キーワード 137』時事通信社、2003 年、272-273 頁。
6　学級経営研究会『学級経営をめぐる問題の現状とその対応—関係者間の信頼と連携による魅力ある学級づくり—』文部省委託研究（平成 10・11 年度『学級経営の充実に関する調査研究』（最終報告書）研究代表者・国立教育研究所長・吉田茂）。
7　2002 年実施の文部科学省「通常の学級に在籍する特別な教育的支援を必要とする児童生徒に関する全国実態調査」では、特別な教育的支援を要する児童生徒数について、調査方法が医師等の診断を経たものではないとしながらも、約 6％程度の割合で通常学級に在籍している可能性を示した。
8　朝日新聞社会部『学級崩壊』朝日新聞社、1999 年。
9　学級経営研究会、前掲書。

(2)　不登校および保健室登校への対応

　不登校は、非行につながるような怠学の傾向、友人関係の問題やいじめの影響、精神的な病状、またはその子どもの家庭環境など、その原因は多様である。また、不登校に悩む子どもの中には、学校に来ることができても教室に入ることができない子どももいる。その場合、支援員等が別室での指導を行ったり、あるいは養護教諭がその子どもの指導を保健室で行ったりすることもある（いわゆる「保健室登校」）。

　不登校で悩み、苦しむ子どもの相談に乗ることができることは教員に求められる力量と言えるが、困難化したケース（事案）の解決のためには、専門的な相談や援助（カウンセリングやアセスメント）、支援計画の立案やそのための体制の構築（プランニング）が必要になってくる。つまり、心理の専門家であるスクールカウンセラー、福祉の専門家であるスクールソーシャルワーカー、各種の支援員等、養護教諭、外部の組織としては、例えば適応指導教室などとの連携も課題となってくる。学校は内外にわたってチームとしての連携・協力の関係を構築することが重要と言える。

(3)　保護者や地域住民の理不尽なクレームへの対応

　今日、学校と保護者・地域住民の信頼関係の構築が重要と言える。だが、ちょっとした行き違いや共通認識の不足から、保護者・地域住民とのトラブルが起こることもある。そして、中には理不尽な要求やクレーム、さらには暴言を伴う例も指摘されている[10]。そうした保護者は「モンスターペアレント」と呼ばれるようにもなった。

　日ごろから対外的な説明を十分にしておくことや電話での応答の際の記録を適切に取ることなどはリスク管理につながる。また担任が安易に単独で家庭訪問するようなことも避けなくてはいけない。困難な案件であったり、そのような兆しが見受けられたりすれば、複数職員による対応を基本とし、スクールカウンセラーやスクールソーシャルワーカーの支援を得ることも考えられる。そのような場合は早期から管理職が関わってチームと

10　嶋﨑政男『学校崩壊と理不尽クレーム』集英社新書、2008 年。
11　古川治編『学校と保護者の関係づくりをめざすクレーム問題—セカンドステージの保護者からのクレーム対応—』教育出版、2013 年。

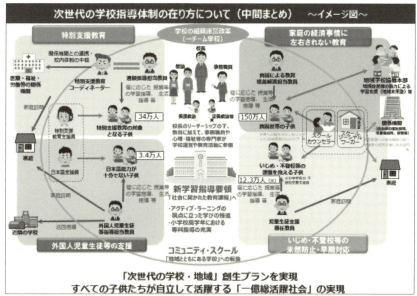

イメージ図（「次世代の学校指導体制の在り方について」（中間まとめ）＜概要＞、
文部科学省「次世代の学校指導体制強化のためのタスクフォース」2016年4月22日）

して対応することが求められるといえる[11]。

　不当な要望、暴言や暴力など、教職員の心身の危険に関わる事態も考えられる。そうした対応については教育委員会が責任を持って体制を整備していく必要がある。例えば、大阪府教育委員会では、児童生徒による校内暴力や問題行動も含め、学校だけでは対応が困難な事象に対して、弁護士やスクールソーシャルワーカーといった専門家とともに指導主事等を派遣し、学校を支援する「学校支援チーム」体制を構築している。

Question

- ☑「教諭をもって充てる職」とは何か、例を挙げて説明しなさい。
- ☑「チーム学校」の趣旨による職員配置に係る法令改正によって規定された職について、例を挙げて説明しなさい。
- ☑ 学級経営、不登校等への対応、保護者からの理不尽なクレームへの対応、これらいずれかを例にチームとしての対応について説明しなさい。

第11章

学校における
評価マネジメント

> **Point**
> ☑ 今日の学校は、自ら取り組みを評価し、アカウンタビリティ（説明責任）を果たすことが求められている。
> ☑ 学校評価は、「自己評価」「学校関係者評価」「設置者への報告」を基本とし、学校改善と情報の提供（による説明責任）が目的である。
> ☑ 教員評価は、「能力」と「業績」についてどれだけ目標に到達できたのかを評価し、教員の力量向上を目的として行うものである。

第1節　学校の自主性・自律性とアカウンタビリティ

　1998年9月の中央教育審議会「今後の地方教育行政の在り方について」（答申）によって、国と地方（都道府県、市区町村）の関係が見直され、教育についても地方分権が進められた。そして、公立学校は地域の教育機関として家庭や地域の要望に応えるとともに、できる限り各学校の判断によって自主的・自律的で特色のある学校教育活動が展開できることを期待された。これは学校に自主的・自律的な経営（マネジメント）が必要とされるようになったことを意味する。つまり学校は、自ら学校教育目標を定め、それに基づく具体的な教育計画を立案し、実施するとともに、その実施状況について自己評価を行う。さらにその結果について保護者や地域住民に対してしっかりと説明する責任、つまり、アカウンタビリティが求められるようになったのである。

　アカウンタビリティは、一般に「説明責任」と訳されている。今日、公的機関あるいは企業等が不祥事を起こせば、強く説明責任が求められる。

学校も教育に対する期待の一方で、その期待を大きく損なうことがあれば、強く説明責任を問われることになる。アカウンタビリティとは、「主体」と「客体」の特定の「関係」を前提とした上で、課題に対して「応答」（responsiveness）することについて、「法的責任」を負い（liable）、その課題の履行状況を合理的に「説明」できる（answerable）こととされている[1]。またアカウンタビリティを、学校に対して「①納税者・地域住民の期待・要求に『応答』し、②その期間が設定した目標に従って、投下された公教育費に見合う教育効果を上げる『責任』を負い、③実際の教育方法や効果について『説明』できること、が求められている」とする見方もある[2]。

すなわちアカウンタビリティは、狭義には、もともとのアカウンタブル（accountable）の語源がアカウント（account）「数える、合算する、計算する」という動詞にあり、故に費用対効果を含めた内容に関する説明義務といえる。さらに加えて、社会的・道義的責任という伝統的な関係性に関する責任を明確に説明する義務をも含んで広義に解釈されるようになってきた[3]。そして、ここに法的な義務がシステムや制度を伴って整備されてきたといえる。

学校は教育に関する社会的な委託をもって存在している。それ故に上記の意味でアカウンタビリティを有している。学校は自ら取り組みを評価し、その適切性や効果性あるいは改善の努力について、保護者や地域住民に説明したり、情報を提供したりすることでアカウンタビリティ（説明責任）を果たすことができる。

今日、学校は、学校改善を進め、学校の取り組みの成果や改善の努力を説明するための仕組みが必要になった。つまり、その仕組みが学校評価である。

1　沖清豪「教育におけるアカウンタビリティ」『日本教育社会学会大会発表要旨集録』（46）、1994年、173-174頁および沖清豪「イギリスの教育行政機関における公共性―非省庁型公共機関（NDPB）とそのアカウンタビリティ―」『教育学研究』第67巻第4号、2000年、1-9頁。
2　中留武昭「アカウンタビリティ」安彦忠彦他編『新版　現代学校教育大事典』1、ぎょうせい、2002年、17-18頁。
3　平田淳「『教育におけるアカウンタビリティ』概念の構造と構成要素に関する一考察」『弘前大学教育学部紀要』（100）、2008年、89-98頁。

145

第2節　学校評価

1．学校評価ガイドラインの策定と学校教育法における規定

　2006年3月、文部科学省は、学校評価に関する最初のガイドラインとなる「義務教育諸学校における学校評価ガイドライン」を作成し、学校運営や授業改善に関する学校評価の在り方を提示した。その後、2006年12月に教育基本法が改正され、さらに、これを受けて2007年6月、学校教育法の一部改正が行われた際に、それまで小学校設置基準等において規定されていた学校評価は、学校教育法に改めて規定された。そして同年10月には、学校教育法施行規則が改正され、そこで①自己評価、②学校関係者評価、③設置者への報告、という三つの基本的な構成が示された。その後、『学校評価ガイドライン』は、数度の改訂を経て、2016年3月、『学校評価ガイドライン〔平成28年改訂〕』に至っている。

学校教育法

第四十二条　小学校は、文部科学大臣の定めるところにより当該小学校の教育活動その他の学校運営の状況について評価を行い、その結果に基づき学校運営の改善を図るため必要な措置を講ずることにより、その教育水準の向上に努めなければならない。

学校教育法施行規則

第六十六条　小学校は、当該小学校の教育活動その他の学校運営の状況について、自ら評価を行い、その結果を公表するものとする。

2　前項の評価を行うに当たつては、小学校は、その実情に応じ、適切な項目を設定して行うものとする。

第六十七条　小学校は、前条第一項の規定による評価の結果を踏まえた当該小学校の児童の保護者その他の当該小学校の関係者（当該小学校の職員を除く。）による評価を行い、その結果を公表するよう努めるものとする。

第六十八条　小学校は、第六十六条第一項の規定による評価の結果及び前条の規定により評価を行つた場合はその結果を、当該小学校の設置者に報告するものとする。

※幼稚園、中学校、義務教育学校、高等学校、中等教育学校、特別支援学校等にもそれぞれ準用。

2．学校評価の進め方

(1) 自己評価

　学校は、年度の初めに
前年度の学校評価の結果
や反省点を踏まえて新た
な学校経営計画を策定す
る。その際、重点目標を
設定するとともに、目標
達成に必要な評価項目を
明確にする。このように
目標や計画を立てた上で、

学校評価の目的

① 各学校が、自らの教育活動その他の学校運営について、目指すべき目標を設定し、その達成状況や達成に向けた取組の適切さ等について評価することにより、学校として組織的・継続的な改善を図ること。

② 各学校が、自己評価及び保護者など学校関係者等による評価の実施とその結果の公表・説明により、適切に説明責任を果たすとともに、保護者、地域住民等から理解と参画を得て、学校・家庭・地域の連携協力による学校づくりを進めること。

③ 各学校の設置者等が、学校評価の結果に応じて、学校に対する支援や条件整備等の改善措置を講じることにより、一定水準の教育の質を保証し、その向上を図ること。

文部科学省「学校評価ガイドライン」より

学校は年間を通してさまざまな教育活動や行事を進めていく。

　また、教育活動や行事をスムーズに進めるために、教職員は会議や打ち合わせを行っている。全体としては職員会議があるが、各学年・学級・教科・委員会など、さまざまな組織単位によって行われている。そのような組織を前提として教育活動や行事がどれくらいできたのか、問題はなかったのか、振り返ったり、反省したりする。つまり、これが自己点検・自己評価である。各教職員の意見をアンケートで集める場合もある。

　また教育活動や行事について保護者に尋ね、これを評価とする。いわゆる「保護者アンケート」であり、これは自己評価の資料という位置付けになる。また「児童生徒アンケート」も同様である。自治体や学校によっては、管理職・教職員・保護者・児童生徒のそれぞれに同じ項目によるアンケートを行い、認識の違いを比較することもある。

　以上の評価について、取りまとめたものを自己評価とし、成果を確認するとともに、次年度に向けて改善方策についても検討する。この改善サイクルとしてのプロセスをPDCA（PLAN：計画、DO：実施、CHECK：評価、ACTION：改善〈としての行動〉）サイクルと呼ぶ。

(2) 学校関係者評価

　学校関係者評価は、保護者や地域住民あるいは有識者等が委員となって行う（学校関係者評価委員）。適宜、学校を訪れるなどして学校の状況に

ついて把握するとともに、学校の自己評価の結果を協議し、意見を述べる。自己評価は学校内部の教職員の視点である。つまり、これを外部の関係者の視点によって客観化していくことが学校関係者評価の役割である。

(3) 設置者への報告

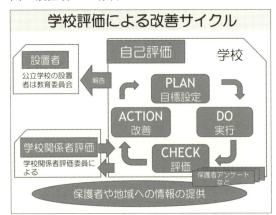

設置者（公立学校の場合は教育委員会）は、適宜、学校評価に関する研修を企画するなどの支援を行い、必要があれば助言を行う。そして年度末には、設置者は学校から自己評価と学校関係者評価の結果を報告として受ける。

3．大阪府の学校評価―学校教育自己診断と学校協議会―

　大阪府は、1998年度には学校教育自己診断の施行実施を開始し、翌1999年度には本格実施を開始した。そして2000年度には、地域と学校との結び付きを強めるために学校協議会をモデル校に設置した。つまり、学校教育自己診断と学校協議会を機能させる仕組みが特徴である。

　まず、年度当初は、前年度の学校評価の結果や反省点を踏まえて学校教育目標と学校教育計画を設定する。学校協議会の委員は、校長が選び、教員委員会が審査、承認の上で任命する。委員は原則6人で保護者、地域の住民その他の関係者、学識経験者等で構成される。おおむね4月から6月の間の会合（第1回）を通して、学校の見学なども行い、学校の課題や目標について認識を共有する。

　学校教育活動が展開される一方、おおむね8月から11月の間の会合（第2回）では、学校は学校協議会に取り組みの経過を報告し、質疑応答を行う。また、当該年度に実施する学校教育自己診断の項目案（独自設定項目など）などについても意見交換を行う。

|第11章|

　そして評価の段階では学校教育自己診断を活用する。この診断票は、教育活動全般を網羅し、各項目が設定されている。そして教職員用・保護者用・生徒用のそれぞれを実施し、意識の共通点や相違点を確認する。

　これら学校教育診断票の結果を加えた学校の自己評価について、学校協議会は、おおむね11月から2月の間の会合（第3回）で議論し、現状や改善に関する意見を述べる。なお、学校協議会は学校評価ガイドラインの学校関係者評価の役割を担っている。そして最終的に教育委員会に報告を行う。つまり、学校評価ガイドラインの趣旨を踏まえながらも、学校教育自己診断と学校協議会を活用した特色ある学校評価として実施されている。

表1　学校評価の評価項目例

I　教育活動に関するもの

		A	B	C	D
1	学校の教育課題について、教職員で日常的に話し合っている。				
2	各年度の教育計画の作成に当たって、教職員で話し合っている。				
3	この学校の教育活動には、他の学校にない特色がある。				
4	教育課程の編成に当たって、学習指導要領の趣旨が生かされている。				
5	学校は、教育活動全般にわたる評価を行い、次年度の計画に生かしている。				
6	教員は、子どもの意見をよく聞いている。				
7	学校は教育活動全般について、保護者や地域の願いに応えている。				
8	年間の学習指導計画について、各学年で話し合っている。				
9	各教科において、教材の精選・工夫を行っている。				
10	この学校では、少人数指導を取り入れるなど指導方法の工夫・改善に努めている。				
11	指導内容について、他の教科の担当者と話し合う機会がある。				
12	この学校では、創意工夫を生かした総合的な学習の時間を実施している。				
13	思考力を重視した問題解決的な学習指導を行っている。				
14	児童の実態をふまえ、参加体験型の学習を行うなど、指導方法の工夫・改善を行っている。				
15	グループ学習を行うなど、学習形態の工夫・改善を行っている。				
16	この学校では、到達度の低い児童に対する学習指導について、全校的課題として取り組んでいる。				
17	児童の学習意欲に応じて、学習指導の方法や内容について工夫している。				
18	観点別評価など評価の在り方について、学年や教科などで話し合う機会がある。				
19	この学校では、カウンセリングマインドを取り入れた生徒指導を行っている。				
20	児童による問題行動が起こった時、組織的に対応できる体制が整っている。				

Aよく当てはまる、Bやや当てはまる、Cあまり当てはまらない、Dまったく当てはまらない

大阪府「学校教育自己診断」小学校・教職員用より一部を抜粋

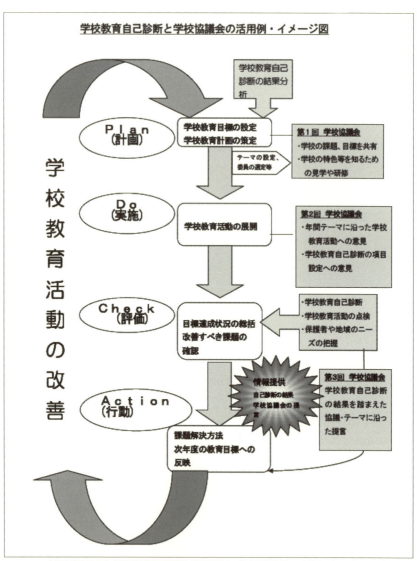

大阪府教育委員会「学校教育自己診断と学校協議会 学校運営改善への活用に向けて」2005年、8頁

|第 11 章|

第 3 節　教員評価

1．教員評価の導入

　地方分権の動きを背景に、東京都はいち早く教員評価に着手した。すなわち、1995 年には教育管理職に自己申告・業績評価制度を導入し、2000年には教員の人事考課制度として新しい評価制度を導入したのである。

　国レベルの議論としては、総理大臣の私的諮問機関である「教育改革国民会議」による『教育改革国民会議報告－教育を変える 17 の提案－』(2000年 12 月）の中で「教師の意欲や努力が報われ評価される体制をつくる」ことが指摘された。つまり、一方で「努力を積み重ね、顕著な効果を上げている教師」には「特別手当」などの処遇や表彰が必要であるとされたが、他方で「効果的な授業や学級運営ができないという評価が繰り返しあっても改善されないと判断された教師については、他職種への配置換えを命ずることを可能にする途を拡げ、最終的には免職などの措置を講じる」と提言した。

　このような動向の中で、上記に挙げた東京都が 2000 年度から最も早く人事評価制度を進展させた。また、大阪府も 2004 年度から比較的早く制度を進めてきたといえるが、2012 年には「教員の勤務成績の評定は校長による評価に基づき行うこと」「授業を行う教員に係る評価は授業に関する評価を含めて行うこと」「授業に関する評価は生徒又は保護者による評価を踏まえること」（大阪府立学校条例第 19 条）とするなど、特色を有している。このように教員評価の制度は細かい部分については自治体（任命権者）によって異なっている。

　なお、国家公務員については 2007 年 7 月に「国家公務員法等の一部を改正する法律」が公布され、従来の「勤務成績の評定」に代えて、新たな人事評価制度が法制化され、これに基づく任用、給与その他の人事管理を行うことが示された。そして、地方公務員については、2014 年 5 月、地方公務員法の一部改正によって、これまでの「勤務成績の評定」の制度は廃止され、新しい「人事評価」の制度となり、2016 年 4 月から新制度が施行された。

2．教員評価の進め方

(1) 教員評価の仕組み

　学校評価が組織の改善を目的とする一方で、教員評価は、教員個人の資質能力の向上を目的として行われる。教員評価の実施に関して、その詳細は各自治体においてそれぞれの規則や条例において定められており、多くの場合、その規定に沿って作られたマニュアルや手引きに従って実施されている。教員評価は自治体によって幾つかの特徴を有しているという違いもあるが、基本的な考え方や進め方については、全国的におおよその共通性がある。

　まず、考え方としては、その構成は「能力評価」と「業績評価」となっている（文部科学省「教員評価システムの取組状況について」2010年）。「能力評価」とは、「期待し、求められる職務遂行能力について、どの程度発揮できたかを能力基準に照らして評価すること」である。また「業績評価」

表2　教員評価（年間の流れ）

時期	段階	評価者	内容
4月	自己目標の設定		学校教育目標を踏まえ、重点的に取り組む自己目標を設定する。①学校経営や校務分掌、②他の教職員との協働、③学習指導の向上など
5月	目標設定面談	第一評価者（教頭ないし副校長） 第二評価者（校長）	評価者と面談し、自己目標を決定する。
5月以降	目標達成に向けた取組（必要に応じ随時追加・修正）		状況の変化により目標の変更が必要な場合は、評価者と面談の上、目標の追加・修正を行う。
10月	自己評価（中間）	教頭	目標達成に向けた取組を振り返り、達成状況について、中間の自己評価を行う。
10月	達成状況確認面談総合評価（中間）		評価者と面談を行い、目標達成状況についての中間的な評価を受けるとともに指導・助言を受ける。
2月	自己評価（最終）		目標達成に向けた取組を振り返り、達成状況について自己評価を行う。
2〜3月	達成状況確認面談総合評価（最終）	第一評価者（教頭ないし副校長） 第二評価者（校長）	評価者と面談を行い、最終的な目標達成状況についての評価を受けるとともに次年度に向けた指導・助言を受ける。
3月			最終的に確定された教員評価の結果が教育委員会に提出される。 次年度目標

複数の自治体事例を参考に、共通点を取り上げて筆者が作成。段階については、中間評価のないところもある。

|第11章|

表3 評価基準（小学校教諭）の例

評価要素		着眼点	[A] 優れている 当該要素に優れており、職務を円滑に遂行することのできる水準である。	[B] 普通 当該要素について、期待し、要求した水準をほぼ充たし、職務を遂行できる水準である。	[C] やや劣る 当該要素について、やや劣る部分や問題点があり、職務遂行時には支障をきたすことがある水準である。
学習指導	能 力	児童・生徒理解、指導計画の作成、知識・技能の保有・活用、課題発見・解決能力、先見性	専門的な知識・技能を十分活用し、先見的に課題を発見、分析し、適切な指導計画を作成し、有効な解決方法を見い出すことができる。	専門的な知識・技能を活用し、直面した学習指導上の課題に対して、適切な解決方法を見い出すことができる。	専門的な知識・技能にやや欠けるところがあり、適切な指導計画を作成することが困難である。課題解決の方法を見い出せないことがある。
	情 意	児童・生徒理解の意欲、課題解決の意欲、研修意欲、創意・工夫、家庭との連携	意欲的に児童・生徒理解に努め、家庭と連携し、創意工夫して課題解決に取り組んでいる。向上心を持ち研修に努め積極的に実践に生かしている。	児童・生徒理解に努め、家庭と連携して、課題解決に取り組んでいる。向上心を持ち研修に努め実践に生かしている。	児童・生徒理解が不十分で、必要な知識・技能の習得の意欲・態度にやや欠けるところがあり、経験や前例に依った方法を繰り返すことがある。
	実 績	指導計画の実施・評価の状況、指導内容・教材の工夫、児童・生徒の変容、教育目標の達成	学校の教育目標に沿って、適切に指導計画を実施し、学習指導の目標を上回る成果をあげた。	学校の教育目標に沿って指導計画を実施し、学習指導の目標をほぼ達成することができた。	学校の教育目標に沿って指導計画を実施することが困難で、学習指導の目標を達成することができなかった。
生活指導・進路指導	能 力	意義や背景の理解、児童・生徒理解、指導計画の作成、状況把握・判断力、対応力、先見性、分析力	先見性をもって課題を発見するとともに、困難な状況下でも、自分で大局をつかみ、適切かつ迅速に判断し、指導することができる。	児童・生徒理解と職務の意義や背景の理解に努め、通常の状況下では、直面する課題に対して、おおむね妥当な判断を下し、指導することができる。	直面する課題を正しく認識することができない場合があり、職務上なすべきことや妥当な判断を下すことができない場合がある。
	情 意	児童・生徒理解の意欲、健康・安全の配慮、研修意欲、公平な姿勢・態度、情報収集、家庭との連携	課題に対して、組織の一員の自覚をもち、家庭や関係機関等と連携して取り組んでいる。向上心を持ち研修に努め積極的に実践に生かしている。	生活指導等の課題に対して、家庭や関係機関等と連携して取り組むとともに、向上心を持ち研修に努め実践に生かしている。	報告、連絡、相談や課題に対する対応が遅れたり、関係者と摩擦を起こしたりすることがある。自己を向上させるための努力にやや欠ける。
	実 績	指導計画の実施・評価の状況、健全育成上の取組の状況、健康・安全の確保、教育目標の達成	指導計画に基づき円滑に職務を遂行し、健康・安全を確保するとともに、予定した生活指導・進路指導の目標を上回る成果をあげた。	指導計画に基づき職務を遂行し、健康・安全を確保するとともに、生活指導・進路指導の目標をほぼ達成することができた。	指導計画に基づく職務遂行に支障を来すことがあり、評価や改善策を講じることが困難な場合や健康・安全の確保が不十分なことがある。
特別活動・その他	能 力	意義や背景の理解、児童・生徒理解、指導計画の作成、創造力、企画力	職務の意義や背景及び児童・生徒の課題を十分に理解して適切な指導計画を作成するとともに、創意工夫を生かして企画、立案することができる。	職務の意義や背景及び児童・生徒の課題を理解して指導計画を作成するとともに、創意工夫を生かして企画、立案することができる。	職務の意義や背景及び児童・生徒の課題の理解にやや欠け、企画、立案にあたって、創意工夫が不十分である。
	情 意	意欲、責任感、協調性、家庭との連携、研修意欲、公平な姿勢・態度、公正な見方・考え方	家庭や関係機関等と積極的に連携し、公平・公正な姿勢で意欲的に職務を遂行することができる。旺盛な向上心で研修に努め実践に生かしている。	必要な範囲内で家庭や関係機関等と連携し、公平・公正な姿勢で職務を遂行することができる。向上心を持ち研修に努め実践に生かしている。	家庭等との連携や公平、公正さにやや欠けるところがあり、職務遂行に支障をきたすことがある。自己を向上させるための努力にやや欠ける。
	実 績	指導計画の実施・評価の状況、公平・公正な職務の遂行、特別活動等の成果、教育目標の達成	学校経営方針に沿って職務を円滑に遂行し、家庭や地域等と密接な協力体制を築き、予定した目標を上回る成果をあげることができた。	学校経営方針に沿って職務を遂行し、家庭や地域等の協力体制のもとに予定した特別活動等の目標をほぼ達成することができた。	学校経営方針に沿って職務を遂行することが困難な場合があり、予定した特別活動等の目標を達成することができなかった。

A自治体の人事考課制度の制定時における資料から「学校運営」を除いた一部分を抜粋

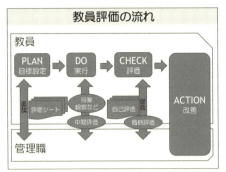

とは、「あらかじめ設定した業務目標をどれだけ達成したかを評価すること」である。こうした観点で評価シートを作成するのが一般的である。

年間の流れとしては、まず、年度当初、学校教育目標を踏まえた自己目標について、シート等を用いて設定する。その際、目標達成に向けて「いつまでに」「どのように」「どの程度」取り組むか、できるだけ具体的に設定する。そして設定した目標が適切かどうかについて、教頭および校長と面談し、目標を確定する。次に設定した目標が達成できるように教育活動や分掌業務を遂行する。この間、管理職とのやりとり（あるいは中間評価）の中で、目標設定の修正がなされる場合もある。こうして、年間を通した結果として自己評価を行う。この自己評価に対して、教頭および校長がそれまでの観察を基に指導助言を行う。そして最終的に管理職から面談で評価基準に基づいた評価結果が示される。このように自己評価と指導助言を経て、目標の達成状況を確認するとともに次年度の取り組みに向けた課題を明らかにすることで資質力量の向上を図る。

(2) 評価・面談による改善と授業等における観察

面談については、教頭を第一次評価者、校長を第二次評価者とする自治体が多い。評価者が完全に1人であれば評価が偏る恐れがあるためである。ここで実施する教員評価とは、形成的評価の内容を持ち、絶対評価として行うことが意図されている。なお、自治体によってはここに相対評価を加えているところもある。

形成的評価とは、どの程度、目標を達成できているかを見るものである。同時に、指導する側は、向上に資する理解や気づきを促進するようなアドバイスを心掛ける必要がある。すなわち教員評価は、教員が授業の能力を高めるだけでなく、業務の諸領域において能力を開発できるようにそのプロセスを重視するという意味で形成的な評価である必要がある。教員は、

校長や教頭からそのような形成的評価を受けることで力量を高めることに努める必要があると言える。

　授業実践を例に考えてみる。教員にとって授業は本務であり、中心的な業務である。その実践力はその教師の資質力量を示す最も基本的なものと言える。自分の授業を見てもらうことは、資質力量向上の観点から重要ではあるが、中には自分の授業を見られることについて非常に緊張感を覚える教員もいるだろう。一方、校長や教頭の側からも、何か特別な授業を1回見ただけでは教師の表面的な部分でしか評価できないかもしれない。ここで考えるべきは、教員にとっては日常的に積み重ねている工夫や努力があり、これを認めてもらうことであり、校長も教頭もそうした工夫や努力を確かめる機会を持つことである。そうした努力を評価してもらえることができれば、評価そのものに対して前向きに考えることができるだろうし、そうであれば教員も適切なアドバイスが欲しいと考えるはずである。

　つまり、校長や教頭は、日常的には、その教員の授業がどうすれば児童生徒への指導や配慮が行き届くようになるか、具体的で的確な指導を心掛けている。そしてそのような指導を経て、教員がいかなる努力や改善意欲を持って取り組んでいるかについて面談を通して評価を行う。すなわち教員評価は、単純に「良い」「もう少し努力が必要だ」とだけ判断するのではない。どういった工夫や改善が「良い」授業につながったのか、あるいは、今後、どういった改善や工夫が必要なのか、明確にする必要があると言える。すなわち教員にとっては、力量向上の形成的な評価の観点から、具体的な評価やアドバイスを得ることができる。このような教員評価によって、学校という職場における力量向上（オン・ザ・ジョブ・トレーニング、OJT）を促進することが期待されている。

Question ▶

☑ 学校がアカウンタビリティを果たすとはどういうことか、説明しなさい。

☑ 学校教育法施行規則で示される学校評価の基本的な構成を三つ挙げ、学校評価による改善サイクルを説明しなさい。

☑ 教員評価の目的を述べ、そこでの形成的評価による力量向上の在り方について説明しなさい。なお、授業実践を例に説明してもよい。

第12章

地域とともにある学校づくりのマネジメント

▶ Point

☑ 日本の学校は誕生以来、地域との強い結び付きを基盤にしながら教育活動を展開してきた歴史を持つ。

☑ 1990年代中頃に「開かれた学校」が提唱されて以降、保護者や地域住民との連携・協力を重視する諸政策が導入・実施されてきた。

☑ 「地域とともにある学校」の実現に向けて、コミュニティ・スクール（学校運営協議会制度）と地域学校協働本部の取り組みが推進されている。

第1節　日本における学校と地域の関係史

　教育基本法は、教育をめぐる学校、家庭および地域住民の連携協力の在り方について次のように規定している。

教育基本法

第十三条　学校、家庭及び地域住民その他の関係者は、教育におけるそれぞれの役割と責任を自覚するとともに、相互の連携及び協力に努めるものとする。

　この条文は、2006年の法改正に伴って新設された条文である。次節で確認するように、日本では1990年代中頃以降現在に至るまで、学校、家庭、地域の連携・協力の強化を志向した施策が数多く展開されてきた。しかし、ここで注意しなければならないことは、このような3者の関係性の構築は何も、現代的な教育改革の成果というだけではないということである。むしろ日本では、明治期に学校教育制度が成立して以来、学校と家庭や地域の結び付きは本来的に強かったのだと理解しておくことが重要である。

例えば、日本に公的な制度としての学校が誕生したのは、1872（明治5）年の「学制」頒布を契機とするというのが通説であるが、京都ではそれに先立つ1869年には、町衆らが自らの資金を集めて、64校もの番組小学校を設置したとされている。記録によると、そのように集められた豊富な資金を基に、鉄筋の新校舎や実験室、特別教室がつくられたという[1]。

また、第2次世界大戦直後の戦後新教育の時代には、「経験主義」の考え方あるいはオルセン（Olsen, Edward G.）の「地域社会学校」の考え方を参照しながら、子どもたちの生活空間である地域社会を題材にした教育活動が盛んに展開された

日本における学校と地域の関係史

- もともと日本の学校（特に小学校）は地域社会と強い結びつきを持って、誕生・発展してきた。
  （例えば京都の竈金、小学校での地行事の実施など）
- 戦後もオルセンの示す「地域社会学校」の提唱に基づき、生活と学校での学びのつながりを意識した教育活動が模索された。
- しかし、1970年代（高度経済成長期）を境に、子どもが地域社会を離れていく現象が見られるようになった。
  （「受験戦争」、子どもの遊びの質の変化など）
- 1990年代以降、「開かれた学校」がテーマになり、学校、家庭、地域社会の密な関係性が模索されるようになる。
- 開かれた学校とは、学校の教育活動が家庭や地域に開かれている（家庭や地域住民が学校教育に参加・参画する）、学校の施設を地域に開放するという双方向的な関係性を指す。
  （中央教育審議会答申「21世紀を展望した我が国の教育の在り方について」1996年）

（例えば、「川口プラン」や無着成恭による生活綴方運動（＝『山びこ学校』）の取り組みなど）。そこでは、地域社会そのものあるいは地域社会が抱える問題を教材化した学校教育が展開された。

より近年の例としては、学校選択制をめぐる動向がある。学校選択制とは、あらかじめ設置された通学区域の学校にとらわれることなく、保護者や児童生徒の意向で就学校を選択することができる制度である。文部科学省のホームページを参照すると、学校選択制の状況を調査した最新の結果は、「小・中学校における学校選択制の実施状況について」（2012年10月1日現在）である。それによると、調査対象となる教育委員会（2校以上の小学校または2校以上の中学校を有する教育委員会）のうち、学校選択制を「導入している」と回答したのは、小学校について246委員会（15.9％）、中学校について204委員会（16.3％）であり、「導入していない」という教育委員会の割合が大きく上回っている。注視すべきは、前回調査（2006年実施）時に導入を検討していた委員会のほとんどが「導入検討な

---

1 竹村佳子『写真でみる京都むかしの小学校』淡交社、2012年。後述するが、京都ではコミュニティ・スクールへの取り組みも全国に先駆けて展開していた。

し」に転じ、また導入していた委員会でも廃止の検討を始める委員会が現れてきたことである。その理由には、「導入の目的を達した」や「統廃合のため必要性がなくなった」などのほかに、「地域ぐるみで子どもたちを育てる学校を推進するため」が挙げられていることは興味深い。学校と地域（通学区域）の関係性の醸成が学校教育を展開していく上で重要だという意識が表れているからである。

　このほかにも、学校は地域の共有財産として、地域行事等の実施や地域防災の拠点としての役割を果たしてきた。まさに日本の学校は、地域を支え、地域に支えられながら発展してきた歴史を持つ。その意味で次節に見るような政策展開は、高度経済成長期における子どもの地域離れを契機に、主として都市部で進行した希薄化する学校と地域の関係性を再度取り戻し、地域ぐるみで子どもの成長を見守り、教育の成果を高めようとする意図をもって展開していったと理解しておく必要がある。

第2節　学校と家庭、地域の連携強化を目指した政策の展開

　学校と地域との関係強化を志向した教育政策は1990年代中頃を契機に展開していった。1990年代中頃以降の政策動向をリードしたのは、「開かれた学校」という学校と地域の関係の在り方をめぐる新たな理念であった。この「開く」という理念には、学校と地域が双方向に開かれていくという意味合いがある。すなわち、学校を地域に開くとは、学校の持つ教育資源や施設設備をより地域住民も利用できるよう開いていく、学校に関わるさまざまな情報を家庭や地域に対して公開していくというベクトルであり、また、地域を学校に開くとは、学校教育のフィールドあるいは教材として地域社会がその役割を受け入れていく、学校の教育活動に保護者や地域住民も参加するというベクトルをそれぞれ意味する。

　また、「開かれた学校」という考え方は、異なる二つの文脈が影響しあう形で急展開したとされる[2]。一つは、学校を市場に「開く」という、1980年代後半以降の「教育の自由化論」に依拠した構造改革の文脈である。

2　梨本加菜「地域コミュニティの中の学校経営」浜田博文編著『教育の経営・制度』一藝社、2014年。183頁。

具体的には、学校の民営化や塾による学校教育への参入が挙げられる。これについては、後の構造改革特区を利用した株式会社立学校の設立や、国家戦略特区による公設民営の学校の設立（予定）という動きにつながっている。もう一つは、地域による学校運営への参画を促す意味での「開く」という文脈である。その具体として、学校評議員制度の導入（2000年）、学校運営協議会制度の導入（2004年）、学校支援地域本部事業の開始（2008年。2017年以降は、「地域学校協働本部事業」として発展）などがある。学校運営協議会制度と地域学校協働本部については次節で詳しく述べるため、本節では、学校評議員制度と学校支援地域本部事業について確認する。

1．学校評議員制度

　学校評議員制度は、1998年の中央教育審議会答申「今後の地方教育行政の在り方について」による、より一層地域に開かれた学校づくりを推進するためには「学校が保護者や地域住民の意向を把握し、反映するとともに、その協力を得て学校運営が行われるような仕組みを設けることが必要」という提言を受けて、2000年の学校教育法施行規則の改正によって新設された。

学校教育法施行規則

第四十九条　小学校には、設置者の定めるところにより、学校評議員を置くことができる。

2　学校評議員は、校長の求めに応じ、学校運営に関し意見を述べることができる。

3　学校評議員は、当該小学校の職員以外の者で教育に関する理解及び識見を有するもののうちから、校長の推薦により、当該小学校の設置者が委嘱する。

　この規定にあるように、学校評議員制度とは、校長の求めに応じて、学校評議員として委嘱された個人が、学校運営に関して意見を述べることができるという点を特徴にしている。保護者や地域住民が、いわば公式に意見を述べることができることを規定したという点では、画期的であったということができる。評議員から意見を聴取している内容には、教育課程や学習指導、生徒指導といった教育活動に関すること、保護者や地域住民等との連携に関すること、学校運営に関する基本的な方針といった、いわば校長が行う学校運営に関する事柄が多い。その意味で、学校評議員制度は、

	学校評議員制度	学校運営協議会制度
根拠法	学校教育法施行規則（2000年）	地方教育行政の組織及び運営に関する法律（2004年） ＊2017年に法改正
特徴	校長の求めに応じて、学校評議員が個人の立場から、学校運営に関して意見を述べることができる制度	学校の運営および運営に必要な支援について協議する合議制の機関を学校ごと（必要に応じて複数の学校で）に設置する制度
任命	学校の職員以外で教育に関する理解や識見を有する者から、校長の推薦により、設置者が委嘱	学校の地域住民、在籍幼児児童生徒の保護者、地域学校協働活動推進員、その他教育委員会が必要と認める者を教育委員会が任命。 ＊校長は委員の任命について意見を述べることが可能。
校長との関係	学校評議員の意見は、校長による学校運営に対して拘束力をもつものではない。	校長が作成する学校運営に関する基本的方針は、学校運営協議会において承認を得る必要がある。

校長のリーダーシップに基づく学校運営（自律的学校経営、詳細は第8章）を支える制度であるということができる。「学校評価実施状況等調査（平成23年度間）」を参照すると、学校評議員を設置している公立学校の割合は約80％である。ただし、後述する学校運営協議会制度の導入に伴い、学校評議員を廃止するという動きも加速している。

2．学校支援地域本部事業

　学校支援地域本部事業は、教育基本法第13条の規定を具現化すべく、学校と家庭と地域が一体となって地域ぐるみで子どもを育てる体制を整えることを目的に、2008年に開始された。この事業は、地域住民を学校支援ボランティアとして組織し、地域コーディネーターが各学校の必要としている支援とボランティアのマッチングを行うことで、より効果的な学校支援の実現を目指している。これにより、学校教育の充実はもちろんのこと、生涯学習社会の実現や地域の教育力の向上も達成しようとする点に、この事業の特徴がある。すなわち、多くの地域住民に関わってもらうことで、教員は彼らにしか担うことのできない仕事に注力できるだけでなく、関わってくれた地域住民にとっても、自らの知識や技術を生かすことのできる活動の場が広がることで、彼ら自身の生きがいづくりへの貢献や地域としての結び付きの強化につながっていくこと、さらには学校教育支援をきっかけにした地域の活性化がねらいとなっている。

　2015年時点で、学校支援地域本部事業による支援を受けている公立小・中学校は約9,600校に上ると言われているが、具体的な支援活動として、①学習支援、②部活動指導、③校内環境整備、④登下校時における子どもの安全確保、⑤学校行事などの運営支援などがある。

第3節　開かれた学校から「地域とともにある学校」へ

　2015年12月の中央教育審議会答申「新しい時代の教育や地方創生の実現に向けた学校と地域の連携・協働の在り方と今後の推進方策について」は、今後の目指すべき学校の姿として、「『開かれた学校』から更に一歩踏み出し、地域でどのような子供たちを育てるのか、何を実現していくのかという目標やビジョンを地域住民等と共有し、地域と一体となって子供たちを育む『地域とともにある学校』へと転換していく」ことが必要であると提言した。「地域とともにある学校」とは、「大人の学びの場」としての学校、さらには「地域づくりの核」としての学校という、従来の「子どもの学びの場」としての学校の役割にとどまらない学校のありようを目指すビジョンである[3]。

地域ともにある学校とコミュニティ・スクールの関係

- 当初は…
  ①希薄化する学校―地域関係
  ②学校経営、学校教育の透明化

  歴史的前提として…
  日本の学校と地域社会は結び付きが強い
  （地域の紐帯としての学校）

2011年
「地域とともにある学校」の提唱

「地域とともにある学校」
地域の核としての学校、学校の教育活動を支える（子どもを共に育てる）地域社会という関係性が求められるとともに、新しい学校イメージを模索する概念

- 現在では…
  ①複雑化、多様化する教育課題への対応
  ☞「チームとしての学校」という学校イメージ
  ②地域づくり（地域おこし）と学校づくりの近接化
  ☞"地域の子どもは地域「で」育てる"の意味

　このような学校の運営に備えるべき機能として、「関係者が皆当事者意識を持ち、子供たちがどのような課題を抱えているのかという実態を共有するとともに、地域でどのような子供たちを育てていくのか、何を実現していくのかという目標・ビジョンを共有するために『熟議（熟慮と議論）』を重ねること」「学校と地域の信頼関係の基礎を構築した上で、学校運営に地域の人々が『参画』し、共有した目標に向かって共に『協働』して活動していくこと」「その中核となる学校は、校長のリーダーシップの下、教職員全体がチームとして力を発揮できるよう、組織としての『マネジメント』力を強化すること」という、「熟議」「協働」「マネジメント」が挙げられた。そのような「地域とともにある学校」を実現するために導入・実施促進が図られているのが、コミュニティ・スクールと地域学校協働本

3　学校運営の改善の在り方等に関する調査研究協力者会議「子どもの豊かな学びを創造し、地域の絆をつなぐ～地域とともにある学校づくりの推進方策～」（2011年）参照。

部である。

1. コミュニティ・スクール

コミュニティ・スクールとは、地方教育行政の組織及び運営に関する法律（地教行法）第47条の5に規定された学校運営協議会を設置した学校を意味する。学校運営協議会は、2004年の地教行法の改正に伴って既に導入が進められてきたが、先の2015年答申を受けた2017年4月の法改正によって、今後すべての公立学校への設置が努力義務化された。

地方教育行政の組織及び運営に関する法律（抄）

第四十七条の五　教育委員会は、教育委員会規則で定めるところにより、その所管に属する学校ごとに、当該学校の運営及び当該運営への必要な支援に関して協議する機関として、学校運営協議会を置くように努めなければならない。ただし、二以上の学校の運営に関し相互に密接な連携を図る必要がある場合として文部科学省令で定める場合には、二以上の学校について一の学校運営協議会を置くことができる。

2　学校運営協議会の委員は、次に掲げる者について、教育委員会が任命する。

　一　対象学校（当該学校運営協議会が、その運営及び当該運営への必要な支援に関して協議する学校をいう。以下この条において同じ。）の所在する地域の住民

　二　対象学校に在籍する生徒、児童又は幼児の保護者

　三　社会教育法（昭和二十四年法律第二百七号）第九条の七第一項に規定する地域学校協働活動推進員その他の対象学校の運営に資する活動を行う者

　四　その他当該教育委員会が必要と認める者

3　対象学校の校長は、前項の委員の任命に関する意見を教育委員会に申し出ることができる。

4　対象学校の校長は、当該対象学校の運営に関して、教育課程の編成その他教育委員会規則で定める事項について基本的な方針を作成し、当該対象学校の学校運営協議会の承認を得なければならない。

5　学校運営協議会は、前項に規定する基本的な方針に基づく対象学校の運営及び当該運営への必要な支援に関し、対象学校の所在する地域の住民、対象学校に在籍する生徒、児童又は幼児の保護者その他の関係者の理解を深めるとともに、対象学校とこれらの者との連携及び協力の推進に資するため、対象学校の運営及び当該運営への必要な支援に関する協議の結果に関する情報を積極的に提供するよう努めるものとする。

6　学校運営協議会は、対象学校の運営に関する事項（次項に規定する事項を除く。）について、教育委員会又は校長に対して、意見を述べることができる。

7　学校運営協議会は、対象学校の職員の採用その他の任用に関して教育委員会規則で定める事項について、当該職員の任命権者に対して意見を述べることができる。この場合において、当該職員が県費負担教職員（第五十五条第一項又は第六十一条第一項の規定により市町村委員会がその任用に関する事務を行う職員を除く。）であるときは、市町村委員会を経由するものとする。
8　対象学校の職員の任命権者は、当該職員の任用に当たつては、前項の規定により述べられた意見を尊重するものとする。（以下、略）

　それまで学校運営協議会は、「学校の教育方針の決定や教育活動の実践に地域住民や保護者等の意向を的確かつ機動的に反映させることで、学校の管理運営の改善を図るというガバナンス強化を目的として導入された」（2015年答申）ものとして位置付けられていたが、この法改正によって、その機能をガバナンスから学校を支援する機能の重視へと制度の目的が変更されたことの意味は大きい。つまり、学校運営協議会は、地域住民や保護者等による学校支援に関する総合的な企画・立案によって、学校とこれらの人々との連携・協力を促進していく仕組みとして定義し直されたといえる。このような活動を通じて地域住民や保護者等と密な関係性を構築し、そのような関係を基盤に運営される学校のことをコミュニティ・スクールと呼ぶのである。

　文部科学省の調べによると、2022年4月1日現在で、全国15,221校がコミュニティ・スクールとして運営されている。前年度からの増加数は3,365校で、2017年の法改正以降、増加のスピードが増している。ただし、導入の展開状況には、学

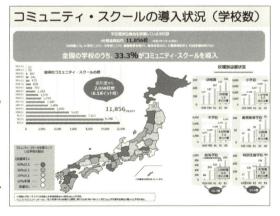

校種や都道府県によって違いが見られる。近年の特徴としては、幼稚園や高等学校、特別支援学校、義務教育学校でのコミュニティ・スクールの広がりを指摘することができる。コミュニティ・スクールへの転換を契機に、

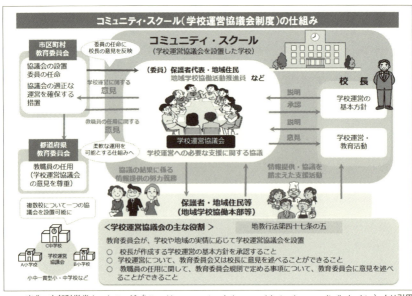

出典：文部科学省ホームページ（https://www.mext.go.jp/a_menu/shotou/community/index.htm）より引用

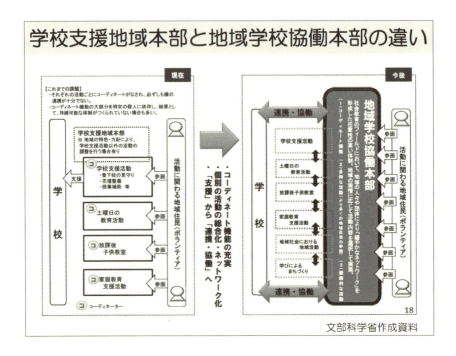

文部科学省作成資料

9年間を見通した学びや地域を巻き込んだ特別支援教育・キャリア教育を充実させようという意図が見えてくる。

　では、実際にコミュニティ・スクールの取り組みによって、どのような成果が期待できるのか。文部科学省の委託研究（『令和2年度学校と地域の新たな協働体制の構築のための実証研究報告書』2020年）によると、コミュニティ・スクールとなった学校の校長を対象にしたアンケート調査を通じて、学校と地域が情報を共有するようになった、地域と学校が協力的になった、特色ある学校づくりが進んだなどで高い評価を得ていることが明らかとなった。つまり、学校と地域が共通の目標の下で、役割分担と一体感を持って教育活動に当たる基盤が構築されることで、子どもたちにとって、より質の高い教育を提供していくことが見込まれるのである。

2．地域学校協働本部

　地域学校協働本部は、先に挙げた2015年答申において提言された、学校と地域の新たな協働体制を意味している。学校支援地域本部事業との違いは、「支援」から「連携・協働」へ、また「個別の活動」から「総合化・ネットワーク化」へとして説明される。

　学校支援地域本部をはじめとした従来からの取り組みは、支援ボランティアとしての地域住民が、参画したいと考える活動ごとに関わり、学校を支援するという形態であった（左図の左側の形態）。しかしそれでは、活動ごとの連携を取ることも難しく、また地域コーディネーターをはじめ、支援活動の大部分を個人の意欲や能力に依拠してしまうところがあり、結果として持続可能な取り組みにすることができないなどの状況が見られた。また、「支援ボランティア」という名称からは、ボランティアが学校を「支援」するという、一方向の関係を想起させる。

　それに対して地域学校協働本部は、学校が必要とする支援活動と、何らかの形で学校との協働活動に参画したいという地域住民をトータルに把握しコーディネートすることによって、学校と地域住民との間でより双方向的な連携・協働関係を構築し、さらに多くの地域住民あるいは団体の参画と持続可能な活動の実現を目指している（前頁下図の右側の形態）。その点で、コーディネート機能の充実が重要な課題になるが、その役割を担う

職員として「地域学校協働活動推進員」が 2017 年に制度化された。

社会教育法

第五条

2　市町村の教育委員会は、前項第十三号から第十五号までに規定する活動であつて地域住民その他の関係者（以下この項及び第九条の七第二項において「地域住民等」という。）が学校と協働して行うもの（以下「地域学校協働活動」という。）の機会を提供する事業を実施するに当たつては、地域住民等の積極的な参加を得て当該地域学校協働活動が学校との適切な連携の下に円滑かつ効果的に実施されるよう、地域住民等と学校との連携協力体制の整備、地域学校協働活動に関する普及啓発その他の必要な措置を講ずるものとする。

第九条の七　教育委員会は、地域学校協働活動の円滑かつ効果的な実施を図るため、社会的信望があり、かつ、地域学校協働活動の推進に熱意と識見を有する者のうちから、地域学校協働活動推進員を委嘱することができる。

2　地域学校協働活動推進員は、地域学校協働活動に関する事項につき、教育委員会の施策に協力して、地域住民等と学校との間の情報の共有を図るとともに、地域学校協働活動を行う地域住民等に対する助言その他の援助を行う。

　社会教育法が規定するように、地域学校協働活動推進員は地域と学校とをつなぐキーパーソンである。その役割に鑑み、保護者や地域住民等による学校支援に関する総合的な企画・立案を行い、学校とこれらの人々との連携・協力を促進していく仕組みとして位置付け直された学校運営協議会を構成する委員として任命されることとされている（前掲の地教行法第 47 条の 5 第 2 項第 3 号を参照）。

第 4 節　　地域とともにある学校づくりの課題

　以上、1990 年代以降の学校と地域の結び付きを強化しようとする施策の動向について検討してきた。学校運営協議会設置の努力義務化や地域学校協働本部を基盤にした学校と地域の連携・協働のさらなる展開などを通して、学校は今後ますます地域とのコミュニケーションを密にし、質の高い連携・協働体制の構築に取り組むことが求められるだろう。その際、どうすれば子どもたちの学びの質を高めていけるかについて一緒に考え、実

践していくことが何よりも重要となる。誰かという個人の思いではなく、地域も含めたみんなの願いの下で学校教育の在り方を思案し実践していくことが、「地域とともにある学校」の実現には欠かせない。個としての取り組みでは持続的・継続的な取り組みにしていくことは難しい。また、一足飛びにいろいろなことを実践しようとしても、なかなかうまくはいかない。人選も含め、一部に責任や仕事が集中しない組織運営の在り方と地域や学校の実情・歴史に応じた着実な取り組みの計画化が課題となる。

Question

☑自らの学校経験を振り返り、学校と地域の結び付きを思い起こさせる例を取り上げ、その特徴とそのように考えた理由を述べなさい。
☑学校評議員制度と学校運営協議会制度の違いについて説明しなさい。
☑学校支援地域本部と地域学校協働本部の違いについて説明しなさい。

第13章

子どもの安全・安心を守る
学校づくりのマネジメント

▶ Point ▶

☑ 学校教育は常にさまざまな危機と隣り合わせにある。教員は子どもの発達段階や地域性などを考慮し、危機の可能性を把握する必要がある。

☑ 学校安全は、安全教育と安全管理を両輪として、学校内だけでなく、保護者や地域と連携・協力した組織的な活動を通じて実現される。

☑ 子どもの安全・安心を守る上で、学級担任が果たす役割は大きい。さまざまな場面で子どもの変化を注意深く見取るという姿勢が重要である。

第1節　学校教育に潜む「危機」

表1　学校教育における危機の種類

領域	分類	危機の例
学習活動等	学習活動（各教科等）	運動時、実習・実験、校外活動中の事故
	特別活動	修学旅行、体験学習での事故
	部活動	熱中症、運動時の事故
交通	交通事故	登下校時の死傷事故
健康	感染症	インフルエンザ、感染性胃腸炎
	食中毒	給食などによる集団食中毒
	アレルギー	アナフィラキシーショック
人権	人権侵害	差別事象
問題行動等	暴力行為	児童生徒間の傷害行為、恐喝、ひったくり
	いじめ	いじめに起因する傷害・自殺
犯罪	不審者	不審者による侵入、殺傷、連れ去り
	インターネット犯罪	ICTを利用した誹謗中傷
その他	自然災害	自然災害による児童生徒の死傷、校舎の損壊
	テロ・有事	水道への毒物混入、爆破予告、落下物

出典：三重県教育委員会（2014）『学校における危機管理の手引』、3頁を一部修正

　学校はいつも子どもたちにとって安全・安心に生活できる場所でなければならない。しかし現実には、学校という場所は、子どもたちの安全・安心が常に脅かされる危険性に満ちた場所であるということも事実といってよいだろう。本章では、子どもの安全・安心を脅

かす事柄のことを「危機」と呼ぶことにする[1]。表1は、学校において発生する可能性のある「危機」の種類について整理したものである。当然、子どもの発達段階（≒学校種）や地域性の違いなどに応じて、発生が予見される危機の内容や規模等に違いはある（詳細は次節）。しかし、ここから明らかになることは、学校教育は常に危機と隣り合わせの状態にある、学校教育は危機の連続だということである。

第2節　学校安全の領域と構造

　さまざまな危機から子どもたちを守っていくために、学校は「学校安全」に取り組まなければならない。学校安全とは、「児童生徒等が、自他の生命尊重を基盤として、①自ら安全に行動し、他の人や社会の安全に貢献できる資質や能力を育成するとともに、②児童生徒等の安全を確保するための環境を整えること」（文部科学省〈2010〉学校安全参考資料『「生きる力」をはぐくむ学校での安全教育（改訂版）』、11頁。下線は引用者）を目的とした学校健康教育の一領域である[2]。この定義から、学校安全が、安全教育（①）と安全管理（②）を両輪にしていることが分かる。これら二つの内容を円滑かつ効果的に実施すべく、学校教職員はもとより、家庭や地域社会と適切な役割分担の下に、連携・協力し合いながら取り組む組織活動が重要である。図1は、学校安全の構造を図示したものである。

　学校安全の領域として、「生活安全」「交通安全」「災害安全」の三つがある。「生活安全」とは日常生活で発生する事件や事故（教科・教科外活動中、学校行事中、登下校時の事故、施設・設備の状態に起因する事故、不審者による事件など）を指す。「交通安全」とはさまざまな交通場面（道路の横断、踏切、自転車の取り扱い、交通法規など）における危険を意味している。「災害安全」はさまざまな災害発生時の危険を意味するが、その対象は、火災、地震・津波、火山活動、風水雪害、落雷、竜巻、原子力

1　学校における「危機」といった場合、子どもたちへの影響が間接的な事柄についても含んで考える必要はあるが、本章では、子どもたちが対象となり直接的に影響を受ける事柄に限定して考える。

2　その他には、学校保健、学校給食があり、それらは独自の機能を担いつつも、相互に関連を図りながら、児童生徒等の健康の保持増進を図っている。

など多岐にわたる。

　さて、学校安全に取り組むに当たって注意すべきことがある。それは、これらの危機が常に目に見える形で、あるいは分かりやすく近づいてくるのではない、ということである。だからこそ学校（そこで勤務する教員）は、自校に通学してくる児童生徒等の発達段階や地理的特性などを勘案しながら、学校内外のネットワークを活用しつつ、継続的かつ組織的に安全教育と安全管理に取り組む必要がある。

　例えば、自身の学校生活を思い出してみてほしい。そこでは年に数回、「避難訓練」が実施されていたことと思う。では、何から避難するための訓練が、またどの程度リアリティを持った訓練が実施されていただろうか。実は、学校によって大きな違いが見られる。

　地域による違いという点では、海に近い場所にある学校では地震の避難訓練時には当然、津波からの避難も想定して実施される。また原子力関連施設が近隣に存在する場合には、原子力事故時の避難訓練も実施される。また、リアリティという点で言うならば、大きな自然災害あるいは犯罪などに見舞われた地域では、つらかった経験を踏まえた訓練になることは容易に想像できよう。長らく自然災害発生の可能性が指摘されている地域では、より切迫感を持って訓練が実施される。近年では、緊急地震速報などの警告案内を事前告知することなく使用して行われる訓練や地域住民を巻き込んでの訓練なども実施されており、現実の危機発生時に限りなく近い状態の中で、本当に身を守る行動が取れるかということも重視されるようになってきている。

　このことは、先に挙げた危機の種類すべてが同じような確率あるいは重大さをもって、各学校に降りかかるわけではないことを意味しているとも言える。ただし一方で、心に留め置いておかなければならないことは、危機には「想定外」ということが起こり得るし、また危機に遭遇するのは常に訓練を重ねた地元にいる時だけではないということである。いつ、どこで、どんな状態であっても、自分の身を守ることのできる最善の方法が判断できるような力量を身に付けさせておくことも、学校教育の使命である。

図1 学校における学校安全の構造

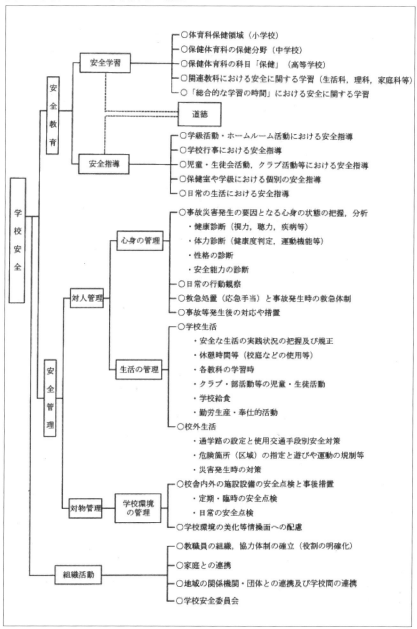

茨城県教育委員会『学校保健　学校安全　管理の手引き』(四訂版) 2012年。5頁。

1. 安全教育

『「生きる力」をはぐくむ学校での安全教育（改訂版）』（文部科学省，2010 年）は、安全教育の目標を「日常生活全般における安全確保のために必要な事項を実践的に理解し、自他の生命尊重を基盤として、生涯を通じて安全な生活を送る基礎を培うとともに、進んで安全で安心な社会づくりに参加し貢献できるような資質や能力をやしなう」（31 頁）と説明する。

安全教育のねらい

- 日常生活における事件・事故、自然災害などの現状、原因及び防止方法について理解を深め、現在や将来に直面する安全の課題に対して、的確な思考・判断に基づく適切な意思決定や行動選択ができるようにすること。

- 日常生活の中に潜む様々な危険を予測し、自他の安全に配慮して安全な行動をとるとともに、自ら危険な環境を改善できるようにすること。

- 自他の生命を尊重し、安全で安心な社会づくりの重要性を認識して、学校、家庭及び地域社会の安全活動に進んで参加し、貢献できるようにすること。

前掲の図 1 によると、安全教育には二つの側面がある。一つは、安全学習の側面である。これは、「安全に関する基礎的・基本的事項を系統的に理解し、思考力、判断力を高めることによって安全について適切な意思決定ができるようにすること

をねらいとする」(22 頁)。もう一つは、安全指導の側面である。これは、「当面している、あるいは近い将来当面するであろう安全に関する問題を中心に取り上げ、安全の保持増進に関するより実践的な能力や態度、さらには望ましい習慣の形成を目指して」（同上）実施される。例えば、学校外の専門家による講話、地域環境を踏まえた避難訓練、応急手当や救命処置の実習、学校近隣の安全マップづくり、家庭や地域住民も巻き込んだ防災訓練（防災キャンプ）の実施などが考えられる。

これらの取り組みは当然、相互に関連付けられ、意図的・計画的に実施される必要がある。学習指導要領（幼稚園は幼稚園教育要領）は、安全教育の取り扱いについて次のように説明している。実施に際しては、保健体育や道徳科、総合的な学習、学級（ホームルーム）活動等の関連する教科等の内容について関連を図っていくなど、学校での教育活動全体を通じて展開されるよう教育課程上の工夫を凝らしていくことが重要となる。

|第 13 章|

幼稚園教育要領（平成 29 年 3 月告示）

領域　健康

1　ねらい

　（3）健康、安全な生活に必要な習慣や態度を身に付け、見通しをもって行動する。

2　内容

　（9）自分の健康に関心をもち、病気の予防などに必要な活動を進んで行う。

　（10）危険な場所、危険な遊び方、災害時などの行動の仕方が分かり、安全に気を付けて行動する。

3　内容の取扱い

　（6）安全に関する指導に当たっては、情緒の安定を図り、遊びを通して安全についての構えを身に付け、危険な場所や事物などが分かり、安全についての理解を深めるようにすること。また、交通安全の習慣を身に付けるようにするとともに、避難訓練などを通して、災害などの緊急時に適切な行動がとれるようにすること。

小学校学習指導要領（平成 29 年 3 月告示）

第 1 章　総則　第 1 節　小学校教育の基本と教育課程の役割

2 －（3）学校における体育・健康に関する指導を、児童の発達の段階を考慮して、学校の教育活動全体を通じて適切に行うことにより、健康で安全な生活と豊かなスポーツライフの実現を目指した教育の充実に努めること。特に、学校における食育の推進並びに体力の向上に関する指導、安全に関する指導及び心身の健康の保持増進に関する指導については、体育科、家庭科及び特別活動の時間はもとより、各教科、道徳科、外国語活動及び総合的な学習の時間などにおいてもそれぞれの特質に応じて適切に行うよう努めること。また、それらの指導を通して、家庭や地域社会との連携を図りながら、日常生活において適切な体育・健康に関する活動の実践を促し、生涯 を通じて健康・安全で活力ある生活を送るための基礎が培われるよう配慮すること。

---

2. 安全管理

　安全管理は、「事故の要因となる学校環境や児童生徒等の学校生活等における行動の危険を早期に発見し、それらの危険を速やかに除去するとともに、万が一、事件・事故災害が発生した場合には、適切な応急手当や安全措置ができるような体制を確立して、児童生徒等の安全の確保を図ることを目指して行われる」（23 頁）ものである。

　安全管理の対象は対人管理（心身の安全管理、生活〈行動〉の管理）と

安全管理のねらいと内容

【ねらい】
- 児童生徒を取り巻く様々な危険を早期に発見し、それらを除去することにより、安全な環境づくりを行うこと。
- 教育活動中に事故、事件、災害などが発生した場合に、適切な安全措置や応急手当を講じることができる体制を確立することにより、子どもの安全を確保すること。

【内容】
（1）学校環境の安全管理
（2）交通安全の確保に関する管理
（3）災害発生に備えた安全管理
（4）犯罪被害の防止（防犯）に関する安全管理
（5）学校内の安全確保及び緊急時の連絡網や対応体制の整備

対物管理（学校環境の管理）の2点を内容にしている（図1参照）。

　学校における安全管理の在り方を規定しているのは、学校保健安全法である。同法は、子どもの安全確保について、設置者の責務の内容と対象を定めるとともに（第26条）、各学校において「学校安全計画」の策定とそれに基づく安全点検の実施（同法施行規則第28条、第29条も参照）、安全に関する指導と職員への研修の義務について規定している（第27条）。また、何らかの危険等発生時（＝事故等で子どもに危険または危害が現に生じた状態のこと）において当該学校の職員が取るべき措置の具体的内容および手順を定めた対処要領（危機管理マニュアル）を策定することを求めている（第29条）。

学校保健安全法

（目的）

第一条　この法律は、学校における児童生徒等及び職員の健康の保持増進を図るため、学校における保健管理に関し必要な事項を定めるとともに、学校における教育活動が安全な環境において実施され、児童生徒等の安全の確保が図られるよう、学校における安全管理に関し必要な事項を定め、もつて学校教育の円滑な実施とその成果の確保に資することを目的とする。

（保健指導）

第九条　養護教諭その他の職員は、相互に連携して、健康相談又は児童生徒の健康状態の日常的な観察により、児童生徒の心身の状況を把握し、健康上の問題があると認めるときは、遅滞なく、当該児童生徒に対して必要な指導を行うとともに、必要に応じ、その保護者（学校教育法第十六条に規定する保護者をいう。第二十四条及び第三十条において同じ。）に対して必要な助言を行うものとする。

（学校安全計画の策定等）

第二十七条　学校においては、児童生徒等の安全の確保を図るため、当該学校の施

設及び設備の安全点検、児童生徒等に対する通学を含めた学校生活その他の日常生活における安全に関する指導、職員の研修その他学校における安全に関する事項について計画を策定し、これを実施しなければならない。

（危険等発生時対処要領の作成等）

第二十九条　学校においては、児童生徒等の安全の確保を図るため、当該学校の実情に応じて、危険等発生時において当該学校の職員がとるべき措置の具体的内容及び手順を定めた対処要領（次項において「危険等発生時対処要領」という。）を作成するものとする。

2、3　（略）

（地域の関係機関等との連携）

第三十条　学校においては、児童生徒等の安全の確保を図るため、児童生徒等の保護者との連携を図るとともに、当該学校が所在する地域の実情に応じて、当該地域を管轄する警察署その他の関係機関、地域の安全を確保するための活動を行う団体その他の関係団体、当該地域の住民その他の関係者との連携を図るよう努めるものとする。

第3節　子どもの安全・安心を守るマネジメントの課題

1. 危機管理の視点を生かした安全管理

　危機管理とは、「人々の生命や心身等に危害をもたらす危険が防止され、万が一事件・事故が発生した場合には、被害を最小限にするための適切かつ迅速に対処すること」（文部科学省〈2003〉『学校の安全管理に関する取り組み事例集』、1頁）を意味する。中央教育審議会答申（2008）「子どもの心身の健康を守り、安全・安全を確保するために学校全体として取り組みを進めるための方策について」は、学校における危機管理のあり方として、事前・発生時・事後という3段階の危機管理を提示している。

　危機管理という言葉からは、ともすれば危機が発生したとき、つまり「発生時」に適切かつ迅速に対応し被害を最小限に食い止めるという発生中の危機管理に目が向きやすい。しかし、危機そのものの発生を抑制し予防する事前の危機管理や、危機がいったん収まった後に通常への復帰と再発の防止に向けた対策を講じる事後の危機管理との連続性の中で取り組みを進めることが、安全管理を進める上で不可欠となる。

危機管理の視点を活かした安全管理

（3段階の危機管理）

1. 安全な環境を整備し、事件・事故の発生を未然に防ぐための**事前**の危機管理

2. 事件・事故の発生時に、適切かつ迅速に対処し、被害を最小限に抑えるための**発生時**の危機管理

3. 危機が一旦収まった後、心のケアや授業再開など通常の生活の再開を図るとともに、再発の防止を図る**事後**の危機管理

中央教育審議会答申「子どもの心身の健康を守り、安全・安心を確保するために学校全体として取り組みを進めるための方策について」

（平成20年1月）

例えば、いじめという危機を例に考えてみる。いじめとは、「児童等に対して、当該児童等が在籍する学校に在籍している等当該児童等と一定の人間関係にある他の児童等が行う心理的または物理的な影響を与える行為（インターネットを通じて行われるものを含む。）であって、当該行為の対象となった児童等が心身の苦痛を感じているもの」（いじめ防止対策推進法第2条）として定義される。

いじめ防止対策推進法

（基本理念）

第三条 いじめの防止等のための対策は、いじめが全ての児童等に関係する問題であることに鑑み、児童等が安心して学習その他の活動に取り組むことができるよう、学校の内外を問わずいじめが行われなくなるようにすることを旨として行われなければならない。

2 いじめの防止等のための対策は、全ての児童等がいじめを行わず、及び他の児童等に対して行われるいじめを認識しながらこれを放置することがないようにするため、いじめが児童等の心身に及ぼす影響その他のいじめの問題に関する児童等の理解を深めることを旨として行われなければならない。

3 いじめの防止等のための対策は、いじめを受けた児童等の生命及び心身を保護することが特に重要であることを認識しつつ、国、地方公共団体、学校、地域住民、家庭その他の関係者の連携の下、いじめの問題を克服することを目指して行われなければならない。

（いじめの禁止）

第四条 児童等は、いじめを行ってはならない。

（学校の設置者又はその設置する学校による対処）

第二十八条 学校の設置者又はその設置する学校は、次に掲げる場合には、その事態（以下「重大事態」という。）に対処し、及び当該重大事態と同種の事態の発生の防止に資するため、速やかに、当該学校の設置者又はその設置する学校の下に組織を

設け、質問票の使用その他の適切な方法により当該重大事態に係る事実関係を明確にするための調査を行うものとする。

一　いじめにより当該学校に在籍する児童等の生命、心身又は財産に重大な被害が生じた疑いがあると認めるとき。

二　いじめにより当該学校に在籍する児童等が相当の期間学校を欠席することを余儀なくされている疑いがあると認めるとき。

2　学校の設置者又はその設置する学校は、前項の規定による調査を行ったときは、当該調査に係るいじめを受けた児童等及びその保護者に対し、当該調査に係る重大事態の事実関係等その他の必要な情報を適切に提供するものとする。

3　第一項の規定により学校が調査を行う場合においては、当該学校の設置者は、同項の規定による調査及び前項の規定による情報の提供について必要な指導及び支援を行うものとする。

　いじめという危機への対応をめぐっては、そのような状態を収束させる（表立った状態を脱する）だけでは根本的な解決にはならない。いじめをめぐる統計調査（文部科学省が毎年実施している「児童生徒の問題行動・不登校等生徒指導上の諸課題に関する調査」）が、いじめを発生件数ではなく認知件数を基に集計していることもその証左といえよう。つまり、いじめは「見えにくい」のである。その意味では、いじめが起こらないようにするため、生徒指導とも関連付けた日常的な予防的指導や被害者・加害者となった子どもの事後的なケアを時間をかけて展開していくという、事前・発生時・事後の視点に立った対応が不可欠なのである。

2.　ネットワークの視点に基づく学校安全の確保

⑴　ゲートキーパーとしての学級担任の役割

　子どもの安全・安心を確保するためには、子ども自身が抱えている課題あるいはその子どもを取り巻く諸環境について注意深く見取り、危機の可能性を発見・確認し、予防的手立てを打つことがまずもって重要である。その意味で、学級担任の役割は非常に大きい。小学校学習指導要領（平成29年3月告示）は、特別活動の1領域である学級活動の内容として、「事件や事故、災害等から身を守り安全に行動すること」を挙げているし[3]、ま

3　学校行事の一つである「健康安全・体育的行事」においても、「心身の健全な発達や健康の保持増進、事件や事故、災害等から身を守る安全な行動や規律ある集団行動の体得」が内容として挙げられている。

たいじめの未然防止も含めた生徒指導と関連付けた学級経営の充実について言及がある。さらに、学級担任をはじめとする教諭一人ひとりの取り組みを起点とした方策の一つとして、健康観察の重要性を指摘することができる（学校保健安全法第9条）。文部科学省が2014年に作成した『学校における子供の心のケアーサインを見逃さないためにー』には、健康観察の具体的な場面と観察のポイントが示されている。

健康観察の機会とポイント		
場面1	登校時・下校時	登下校を渋る、遅刻や早退が増加する、挨拶に元気がない、友達と一緒に登下校したがらない
場面2	朝や帰りの会	体調不良をよく訴える、朝夕の健康観察に変化がある、朝から眠いと訴える、表情や目つきがいつもと違う
場面3	授業時間	学習に取り組む意欲がない、学習用具の忘れ物が多い、教師の話が聞けない、ぼんやりしている、友達と関わる場面でも参加しない
場面4	休み時間	友達と遊びたがらない、一人で過ごすことを好む、外で遊ぶことを嫌がるようになる、保健室に行きたがる、他学年の子どもとばかり遊ぶ
場面5	給食（昼食）時	食べる量が極端に減る・増える、食欲がないと訴える、友達との会話が減る
場面6	学校行事	参加を拒む、参加への不安を訴える、行事が近づくと体調不良になる、行事への欠席が多い
場面7	部活動	休みがちになる、練習への意欲が乏しい、友達と関わろうとしない
場面8	その他	保健室への来室が増える、今までできていたことができなくなる、用事もないのに職員室に来る

学校保健安全法の規定や健康観察の場面の例示を通して明らかになることは、①学級担任による朝の健康観察が、子どもの心身の状態を把握する上で重要なスタート地点であるということ、②その対応をめぐっては養護教諭をはじめ校内の他の職員と、また場合によっては保護者や地域の医療機関等との連携・協力体制が不可欠であるということの2点である（図2参照）。

(2) 危機に対応する学校内外のネットワークづくり

前述のように、学校における危機には教職員はもとより、保護者や地域の関係機関と一体的に取り組むことが肝要である。

校内においては、教職員の役割分担と責任について、「危機管理マニュアル」などにおいて明記するとともに、そのことがきちんと実施されるよう研修を行うことが重要となる（学校保健安全法第27条、第29条）。その際には管理職だけでなく、保健主事を中心にしながら校内体制の整備と具体的な対応手順を明確化していくことが大切である。また、「マニュアルを整備すること」が目的化してしまうことは避けなければならない。活用可能なマニュアルであるよう、学校全体で内容を定期的に見直し、各教員がマニュアルに基づきながら責任を持って行動できるようなマインドセットと組織体制の確立が重要である。

|第13章|

図2　健康観察のフローチャート

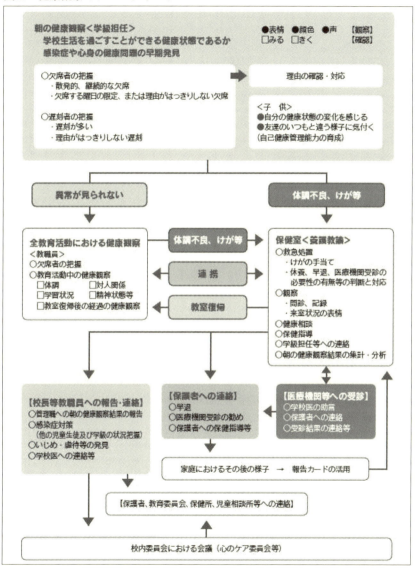

文部科学省『学校における子供の心のケア―サインを見逃さないために―』2014年。4頁。

> **学校教育法施行規則**
>
> **第四十五条** 小学校においては、保健主事を置くものとする。
> 2 前項の規定にかかわらず、第四項に規定する保健主事の担当する校務を整理する主幹教諭を置くときその他特別の事情のあるときは、保健主事を置かないことができる。
> 3 保健主事は、指導教諭、教諭又は養護教諭をもつて、これに充てる。
> 4 保健主事は、校長の監督を受け、小学校における保健に関する事項の管理に当たる。

また、校外との連携・協働関係の構築に際しては、学校の考えを各種の懇談会や家庭訪問、通信文書等を通じて共通理解を図ることが貴重な機会となろう。さらには、活動への参加という側面においても連携・協働を強化していきたい。登下校時の交通安全の見守りや、安全パトロール、災害時のボランティアなど、協力し合うことが求められる場面は幾つもある。

「点」としての、個別的な対応はもとより、それらの点を結び合わせた「ネットワーク」を地域に根付かせ、地域ぐるみで子どもの安全・安心を守っていこうとする文化を醸成することが、今後の学校の在り方（「地域とともにある学校」、第12章参照）という側面からも重要となる。

これまで見てきたように、学校を取り巻く危機は多様かつ複雑である。さらには、時代の変化によってその態様もさまざまになってきている。子どもが安全に、そして安心して学習・生活することのできる学校であるために、各教員は個別の危機への対応法についてアンテナを高くし、継続的な知識や技術のブラッシュアップが欠かせないということを肝に銘じておきたい。

Question

☑学校安全の構造について説明しなさい。
☑安全教育の二つの側面について指導内容・場面を含めて説明しなさい。
☑安全管理を進める上での「3段階の危機管理」について説明しなさい。

【編著者紹介】

加藤崇英（かとう・たかひで）第1章、第10章、第11章
茨城大学大学院教育学研究科教育実践高度化専攻（教職大学院）教授

臼井智美（うすい・ともみ）第2章、第6章、第7章、第8章
大阪教育大学大学院連合教職実践研究科教授

【執筆者】

福島正行（ふくしま・まさゆき）第3章、第4章
盛岡大学文学部教授

田中真秀（たなか・まほ）第5章
大阪教育大学大学院連合教職実践研究科特任准教授

照屋翔大（てるや・しょうた）第9章、第12章、第13章
沖縄国際大学経済学部准教授

教育の制度と学校のマネジメント

2018年6月20日　初 版 発 行
2023年4月12日　第４刷発行

編著者：加藤　崇英　臼井　智美
発行者：花野井　道郎
発行所：株式会社時事通信出版局
発　売：株式会社時事通信社
　　　　〒104-8178　東京都中央区銀座 5-15-8
　　　　電話03（3501）9855　https://bookpub.jiji.com/

組版　明昌堂
本文デザイン／装丁　丸橋　一岳（デザインオフィス レドンド）
編集担当　坂本　建一郎
印刷／製本　中央精版印刷株式会社

ⓒ2018 KATO, takahide USUI,tomomi
ISBN978-4-7887-1579-0　C0037　Printed in Japan
落丁・乱丁はお取り替えいたします。定価はカバーに表示してあります。
★本書のご感想をお寄せください。宛先はmbook@book.jiji.com